Gaudium et Spes

Coleção Revisitar o Concílio

Revisitar o Concílio Vaticano II
Dom Demétrio Valentini

Lumen Gentium: texto e comentário
Geraldo Lopes

Gaudium et Spes: texto e comentário
Geraldo Lopes

Ad Gentes: texto e comentário
Estêvão Raschietti

GERALDO LOPES

Gaudium et Spes
Texto e comentário

Dados Internacionais de Catalogação na Publicação (CIP)
(Câmara Brasileira do Livro, SP, Brasil)

Lopes, Geraldo
  Gaudium et Spes : texto e comentário / Geraldo Lopes. – São
Paulo : Paulinas, 2011. – (Coleção revisitar o Concílio)

  ISBN 978-85-356-2790-9

  1. Concílio Vaticano (2. : 1962-1965) - História   2. Documentos
oficiais   3. Ecumenismo   4. Igreja Católica - História - Século 20
I. Título.   II. Série.

11-03049   CDD-262.52

Índice para catálogo sistemático:
1. Concílio Vaticano 2ª : Documentos 262.52

1ª edição – 2011
2ª reimpressão – 2018

Direção-geral:
Bernadete Boff

Editores responsáveis:
Vera Ivanise Bombonatto
Antonio Francisco Lelo

Copidesque:
Anoar Jarbas Provenzi

Coordenação de revisão:
Marina Mendonça

Revisão:
Ruth Mitzuie Kluska

Assistente de arte:
Sandra Braga

Gerente de produção:
Felicio Calegaro Neto

Projeto gráfico e capa:
Telma Custódio

Nenhuma parte desta obra poderá ser reproduzida ou transmitida por qualquer forma e/ou quaisquer meios (eletrônico ou mecânico, incluindo fotocópia e gravação) ou arquivada em qualquer sistema ou banco de dados sem permissão escrita da Editora. Direitos reservados.

Paulinas
Rua Dona Inácia Uchoa, 62
04110-020 – São Paulo – SP (Brasil)
Tel.: (11) 2125-3500
http://www.paulinas.org.br – editora@paulinas.com.br
Telemarketing e SAC: 0800-7010081

© Pia Sociedade Filhas de São Paulo – São Paulo, 2011

Introdução

Na maturidade da vida, as pessoas amam visitar os lugares de sua infância. Muitas vezes, para reviver as alegrias e riquezas que estiveram no início de sua existência, necessitam da presença daqueles que fizeram parte destes encantos passados. O lugar de sua origem está mudado. As riquezas, contudo, estão lá. Mas é preciso que alguém mostre, localize no mapa da vida. E elas aparecem em toda a sua antiga pujança. Agora estão mais valorizadas, pois o visitante reconhece o seu valor e quanto elas foram importantes para a visão de vida que hoje têm.

Aqui uma casa relembra seus pais, tios, irmãos, primos e primas. Acolá está uma árvore frutífera, um velho abacateiro, onde os passarinhos faziam seus ninhos e comiam as primícias dos frutos. E no centro de toda essa lembrança está a bica d'água. Ainda hoje ela escorre abundante, fresca e cristalina. O segredo de sua sobrevivência está na velha figueira, de cujas raízes brota a límpida fonte. Lá está ela. Frondosa, com brotos novos, demonstrando o vigor e a perenidade das suas raízes, a figueira assegura a saudável fonte.

Como o saudoso visitante, revivendo as alegrias de sua infância feliz, também nós somos convidados a revisitar a fonte límpida de onde brotou a riqueza eclesial dos últimos cinquenta anos: o Concílio Vaticano II.

1

O ser humano
é um ser de memória

E m cada momento da existência, acompanha-nos o nosso passado. Um desmemoriado não tem passado, não conhece o seu presente e nem pode projetar o seu futuro. Quanto maior e mais profunda for a memória que fazemos do passado, tanto melhor podemos conhecer o presente e mais solidamente posicionar-nos diante do futuro.

Essa dinâmica vale também para as sociedades. Ancorar-se em suas ricas tradições é a condição de força e vitalidade de uma comunidade.

Há pouco mais de quarenta anos, a vida da Igreja foi enriquecida pelo Concílio Vaticano II. Sendo o vigésimo ecumênico da história, o Vaticano II manifestou a força vital da Igreja, permanecendo um marco luminoso de sua história.[1]

O Papa falou das alegrias da vida histórica da Igreja, continuando a missão salvadora de Cristo. Acentuou, ademais, as tristezas e as dificuldades a serem enfrentadas. Afirmou: "O grande problema, proposto ao mundo,

---

[1] Cf. JOÃO XXIII. Discurso de Sua Santidade Papa João XXIII na abertura solene do ss. Concílio (11 de outubro de 1962). In: http://www.vatican.va/ holy_father/john_xxiii/speeches/1962/documents/hf_j-xxiii_spe_19621011_ opening-council_po.html. Acessado em 23 de janeiro de 2010.

depois de quase dois milênios, continua o mesmo. Cristo sempre a brilhar no centro da história e da vida; os homens ou estão com ele e com a sua Igreja, e então gozam da luz, da bondade, da ordem e da paz; ou estão sem ele, ou contra ele, e deliberadamente contra a sua Igreja: tornam-se motivo de confusão, causando aspereza nas relações humanas, e perigos contínuos de guerras fratricidas".[2]

O Concílio propôs-se, então, a repropor as perenes riquezas da tradição cristã para revigorar a vida humana e social dos homens e dos povos. E João XXIII profetizou: "Iluminada pela luz deste Concílio, a Igreja, como esperamos confiadamente, engrandecerá em riquezas espirituais e, recebendo a força de novas energias, olhará intrépida para o futuro".[3]

O Concílio quer lembrar aos homens e mulheres que vivem um mundo de tantas possibilidades e riquezas, mas também imensas dores e limitações, a dignidade do ser humano chamado a ser filho e filha de Deus, irmãs e irmãos de Jesus Cristo, e templo do Espírito Santo. Em síntese, a necessidade premente de buscar, acima de tudo, "o Reino de Deus e a sua justiça". Para que os homens e mulheres reconheçam e recebam a mensagem do Reino, "a esposa de Cristo prefere usar mais o remédio da misericórdia do que o da severidade. Julga satisfazer melhor às necessidades de hoje mostrando a validez da sua doutrina do que renovando condenações".[4] Com efeito, continua o Papa, "a experiência ensinou que a violência feita aos outros, o poder das armas e o predomínio político não contribuem

---

[2] JOÃO XXIII, Discurso de Sua Santidade Papa João XXIII, II, 5.

[3] Ibid., III, 4

[4] Ibid., VII, 2.

em nada para a feliz solução dos graves problemas que atormentam [o mundo]".[5]

Uma gama de dezesseis documentos, de desigual importância, mas todos voltados para o bem da humanidade, brotou desta assembleia em suas quatro sessões, de 1962 a 1965. O último desses documentos, votado no último dia do Concílio, em sua última sessão geral, foi a *Gaudium et Spes*, razão de ser destas reflexões.

---

[5] Ibid.

2

Deus amou tanto o mundo

Plagiando São João, ousamos afirmar: "O Concílio amou tanto o mundo que lhe deu a *Gaudium et Spes*". Ao apresentar este documento, haveremos de encontrar as razões principais do seu valor.

No Natal de 1965, alguns dias após a proclamação conciliar do dia 7 de dezembro, Paulo VI afirmava na homilia: "O encontro da Igreja com o mundo atual foi descrito em páginas admiráveis na última Constituição do Concílio. Toda pessoa inteligente, toda alma honrada deve conhecer essas páginas. Elas levam, sim, de novo a Igreja ao meio da vida contemporânea, mas não para dominar a sociedade, nem para dificultar o autônomo e honesto desenvolvimento de sua atividade, mas para iluminá-la, sustentá-la e consolá-la. Essas páginas, assim o pensamos, assinalam o ponto de encontro entre Cristo e o homem moderno e constituem a mensagem de Natal deste ano de graça ao mundo contemporâneo".[1]

A partir do século XIII a humanidade sofreu "mudanças profundas e rápidas" segundo a *Gaudium et Spes*. Nos séculos XIII e XIV floresceu o comércio, enriquecendo pessoas e países e preparando a epopeia dos descobrimentos

---

[1] PAULO VI. Radiomensaje por Navidad (Jueves 23 de diciembre de 1965), 7. In: http://www.vatican.va/holy_father/paul_vi/speeches/1965/documents/hf_p-vi_spe_19651223_sacro-collegio_it.html. Acessado em 23 de janeiro de 2010.

de novas terras e riquezas nos séculos XV e XVI. Os inventos e avanços científico-tecnológicos fortalecem a Europa e colônias recém-desdobertas. A Revolução Francesa, na passagem dos séculos XVIII para o XIX, modificou o modo de pensar e de viver de toda a humanidade.

A Europa se transforma radicalmente em sua forma de pensar e agir com o Renascimento e o Iluminismo. O mundo passa do teocentrismo medieval para o antropocentrismo moderno, que se tornam verdadeiros credos. Um novo paradigma surge com a evolução progressiva dos direitos dos cidadãos. "Ciência, razão, tecnologia, progresso e democracia são termos que, combinados, constituem o que se poderia chamar de novo credo das sociedades ocidentais."[2]

O grande otimismo do início do século XX vive uma dúplice experiência. De um lado a continuação das descobertas e do progresso em campos essenciais para a vida, tais como a medicina, a comunicação das pessoas e dos povos, as experiências de libertação. De outro lado, contudo, a humanidade vai conhecer a força tremenda do mal, que se aproveita do domínio do que constituía seu orgulho. As duas grandes guerras e a constituição de um "estado permanente de guerra", com todas as suas trágicas consequências, são as "chagas abertas e incuráveis" deste século...

O mundo que recebeu com estupor a *Gaudium et Spes*, vivia uma década especial da sua história. É a gênese

---

[2] GONÇALVES, Alfredo. Gaudium et Spes ontem e hoje. A Carta Magna da pastoral social. In: http://docs.google.com/viewer?a = v&q = cache:lzkAaYqDfF gJ:www.cnbb.org.br/site/images/arquivos/files_48651b082a014.pdf + cons titui%C3%A7%C3%A3o + pastoral + gaudium + et + spes&hl = pt-BR&gl = b r&pid = bl&srcid = ADGEESiJH5sa4SyjEwI9XV1jAKkVo8EDPVfVp4Y3mNyI-v4uycaOT9a3x4JOMPYzxGZGpNNALFsfFJYwJE0FK4M7ojKVyZP00qRiWe-Gj4t1Y_w5j2iTT_SbLmRNP0VSKGvdgeKyMYsArT&sig = AHIEtbQWZuBwaj RqFtblYELWydQQudRfEg. Acessado em 10 de janeiro de 2010.

de um novo modo de ser: o homem senhor de si próprio e libertado de todas as amarras que o prendiam. O ápice desta posse acontece na segunda metade do século. Com efeito, a década de 1960 representa uma "viragem espetacular" da história. Relembramos alguns fatos mais significativos. Europa e América viviam o epicentro da Guerra Fria. Duas potências disputavam a hegemonia do mundo, seja no ar (as descobertas espaciais e a força das bombas), seja em terra (o domínio dos povos, divididos entre os que viviam sob o tacão comunista ou as benesses oferecidas pelo capitalismo). Os movimentos da história mudavam completamente a forma de viver e pensar. Recordamos o movimento dos hippies, a revolução dos jovens em Paris, a primavera de Praga. Não longe de nós, no Brasil, a mudança da capital, a renúncia de Jânio Quadros e a instalação da Revolução Militar. Não podemos deixar de citar o Concílio, de 1962 a 1965. Ele foi, de longe, o maior movimento eclesial no século e, sem sombra de dúvida, um dos maiores eventos do século XX.

A gênese da *Gaudium et Spes* vem de uma sugestão do Cardeal de Malines, na Bélgica, Leon Joseph Suenens. Conhecido como esquema XIII, o documento foi aprovado na última sessão conciliar, no dia 6 de dezembro de 1965. Recebeu o nome de Constituição Pastoral sobre a Igreja no mundo de hoje. No dia seguinte, 7 de dezembro, teve uma derradeira votação: 2.309 votos favoráveis, 75 contrários e 7 nulos. O Papa o promulga juntamente com os Padres conciliares. É um longo documento, com 93 artigos.

3

Alguns elementos para a releitura hodierna da Gaudium et Spes

A leitura que buscamos fazer mostrou-nos o tesouro escondido que foi o Concílio Vaticano II. Nas suas quatro sessões, como nas Bodas de Caná, o vinho bom ficou para o final: a *Gaudium et Spes*. Lendo-a após mais de quarenta anos de publicação, descobrimos algumas dimensões de seu modo de ser.

3.1. A leitura atenta das grandes mutações mundiais: constatações e denúncias

Um primeiro elemento que transparece à primeira vista são dois dados preciosos para compreender as transformações pelas quais passa a humanidade. A *Gaudium et Spes* realiza um diagnóstico válido ainda para os nossos dias. A abertura para o mundo moderno, com os olhos do "Bom Pastor" em busca de suas ovelhas, o Concílio afirma que "o gênero humano encontra-se em uma nova fase de sua história [...]; mudanças profundas e rápidas estendem-se progressivamente para o universo inteiro". E ainda com os olhos do Bom Pastor, que tem pena de seu povo, os Padres conciliares denunciam: "Nunca o gênero humano teve ao seu dispor tão grande abundância de riquezas, possibilidades e poderio econômico; e, no entanto, uma imensa parte dos habitantes da terra é atormentada pela fome e pela miséria, e inúmeros são ainda os analfabetos" (GS, n. 4).

3.2. A preocupação dialógica

O Vaticano II, na *Gaudium et Spes*, passa das condenações anteriores à disposição para dialogar. O bom diálogo brota de perguntas atentas e sábias. Só consegue responder com profundidade quem consegue formular perguntas pertinentes. E as perguntas vão aparecendo: como abrir as "janelas do Vaticano aos novos ares" que se respiram nesse mundo completamente transformado? Como entrar em diálogo aberto com a ciência e o pensamento contemporâneo? Como reconhecer, simultaneamente, os avanços e os limites do progresso tecnológico e do crescimento econômico? Como traduzir a solicitude pastoral da Igreja diante dos novos problemas e desafios? Por outro lado, numa sociedade cada vez mais marcada pelo pluralismo cultural e religioso, o que significa um ecumenismo não apenas formal, mas efetivo e consequente? Numa palavra, se o processo de evangelização passa, necessariamente, por uma profunda inculturação, como fazer isso diante dos valores e contravalores da chamada modernidade? As respostas são encontradas nas páginas da *Gaudium et Spes*. Algumas delas precisas e profundas. Outras menos decididas, à espera de maior precisão e aprofundamento. Nenhuma porta ou janelas são fechadas. O tom do diálogo é profundamente irênico.

3.3. A preocupação antropológica

Procurando dar respostas que fossem, ao mesmo tempo, orientações para as pessoas deste mundo em mudança, a *Gaudium et Spes* colocou a criatura humana no centro de suas atenções. O primeiro número sintetiza toda a vontade de ter o ser humano no centro de suas atenções. "As alegrias e as esperanças, as tristezas e as angústias dos homens de hoje, sobretudo dos pobres e de todos os que sofrem, são também as alegrias e as esperanças, as tristezas e as angústias dos discípulos de Cristo. Não se encontra nada verdadeiramente humano que não lhe ressoe no coração. Com efeito, a sua se constitui de homens que, reunidos em Cristo, são dirigidos pelo Espírito Santo, na sua peregrinação para o Reino do Pai. Eles aceitaram a mensagem da salvação que deve ser proposta a todos. Portanto, a comunidade cristã se sente verdadeiramente solidária com o gênero humano e com a história" (GS, n. 1).

3.4. A centralidade cristológica

Da leitura dos documentos brota mais uma constatação preciosa: a centralidade da pessoa de Jesus Cristo. Todas as partes que compõem o documento terminam com uma afirmação, uma confissão ou uma súplica a Cristo. Bem nove números tratam explicitamente de Cristo.[1] É uma cristologia bíblico-antropológica. A *Gaudium et Spes* soube colher os frutos de tantas sementes plantadas a partir das atividades de professores de Sagrada Escritura e de teologia a partir de 1945. Ademais, entre os Padres conciliares e seus assessores, há nomes notáveis de biblistas e teólogos (Bea, Martini, Rahner, Kasper, Schillebeeckx...). Estamos, também, há poucos anos da morte de Teilhard de Chardin, com sua cristologia cósmica...

---

[1] Respectivamente GS, nn. 3.10.22.32.39.52.58.73.83.

3.5. A centralidade eclesiológica

Já afirmamos que a *Lumen Gentium* e a *Ad Gentes* estão por detrás da *Gaudium et Spes*. O capítulo II de *Lumen Gentium*, cujo título é O Povo de Deus, dá os parâmetros teológicos para a *Gaudium et Spes*. Basta ler LG, n. 9: "Como o Israel segundo a carne, que peregrinava no deserto, já é chamado Igreja de Deus, assim o novo Israel que, caminhando no presente tempo, busca a futura cidade perene, também é chamado Igreja de Cristo". Estão aí patentes a teologia da aliança, a trajetória histórica do Povo de Israel e da Carta de São Paulo aos Coríntios. Assumindo essa eclesiologia, a *Lumen Gentium* continua: "Deus convocou e constituiu a Igreja — comunidade congregada daqueles que, crendo, voltam seu olhar a Jesus, autor da salvação e princípio da unidade e da paz — a fim de que ela seja para todos e para cada um o sacerdócio visível desta salutífera unidade". Há uma passagem da Igreja considerada como hierarquia a uma Igreja considerada como Povo de Deus. A *Gaudium et Spes* nasce no húmus fértil de uma nova eclesiologia, que fala de sacerdócio comum dos fiéis, de universalidade do único Povo de Deus, de índole missionária da Igreja e relação dos leigos com a hierarquia... Cristo é o centro e a cabeça da Igreja, ao redor do qual todos e todas somos irmãos e irmãs, embora com distintos ministérios e funções. Não se pode deixar de frisar como as ideias democráticas da sociedade moderna refletem-se no Concílio. Ademais, a *Gaudium et Spes* retoma AG, n. 2 ("a Igreja peregrina é por natureza missionária") e AG, n. 5 ("Essa missão no decurso da história continua e desdobra a missão do próprio Cristo, enviado a evangelizar os pobres. Eis por que a Igreja, impelida pelo Espírito de Cristo deve trilhar a mesma senda"). A Igreja da *Gaudium et Spes* é, ao mesmo tempo, circular e aberta. Circular, no que concerne à sua organização interna e à tomada de decisões, onde todos somos irmãos e irmãs, sem distinção de raça, cor, sexo, nação, classe etc., mesmo exercendo papéis diferenciados. E aberta, na medida em que, pelo Batismo, todo cristão é chamado a ser missionário, a propagar e viver a Boa-Nova de Jesus Cristo onde quer que se encontre. Igreja como Povo de Deus, por um lado, e Igreja a caminho, por outro.

3.6. A centralidade pastoral-comunitária

Já afirmamos que a *Gaudium et Spes* fez a leitura pastoral de uma eclesiologia centrífuga — isto é, voltada para o centro — a uma eclesiologia centrípeta, voltada para fora. A grande preocupação da *Gaudium et Spes*, já expressa no número 1, são os problemas humanos vividos em um contexto de profundas e aceleradas transformações. O Vaticano II, como um todo, é um gigantesco esforço para adaptar-se aos problemas e desafios pastorais contemporâneos.

A primeira dimensão da pastoralidade da *Gaudium et Spes* é o seu olhar de compaixão como o do Bom Pastor (cf. Mt 9,35-38). Sabemos bem que a compaixão é como que a síntese do Evangelho.[2] Compaixão não é dar coisas, mas é dar-se a si próprio, colocar-se a serviço, estar com o outro na hora da necessidade. A *Gaudium et Spes* tem profundíssima atualidade na era dos homens e mulheres "sem": sem terra, sem trabalho, sem teto, sem saúde, sem escola etc. Homens e mulheres que mordem o pó da estrada para cavar a própria sobrevivência, os quais, em um

---

[2] Cf. os episódios do Bom Samaritano, a parábola do Pai Misericordioso ou as cenas do Juízo Final...

modelo "herodiano", andam cansados de tantas promessas, violências, pelo peso da fome, da doença e da miséria. A *Gaudium et Spes* é o grito do Êxodo 3,7-10: "Eu vi a miséria, eu ouvi o clamor, eu conheço o sofrimento e eu desci para libertar o povo escravo no Egito e conduzi-lo a uma terra onde corre leite e mel". A pastoralidade da *Gaudium et Spes* colhe os frutos dos textos fortes do Novo Testamento, dos Padres da Igreja e sua mensagem, bem como dos santos sociais do século XIX, precursores do espírito do Vaticano II (cf. a conclusão de GS, n. 92).

O olhar pastoral da *Gaudium et Spes* pode ser alimentado pelo "circulo hermenêutico", aquele no qual a vida interpela a Bíblia e esta questiona a vida.

3.7. A centralidade profética

A segunda parte da *Gaudium et Spes* reserva três capítulos para a análise da sociedade atual, com orientações para a busca da justiça e da paz. O capítulo sobre a vida econômico-social traz uma veemente denúncia das contradições que regem a economia. "No momento em que o progresso da vida econômica, dirigido e coordenado de maneira racional e humana, poderia mitigar as desigualdades sociais, com muita frequência se torna o agravamento das desigualdades sociais, ou também cá e lá o regresso da condição social dos fracos e desprezo dos pobres. Enquanto uma enorme multidão tem falta de coisas absolutamente necessárias, alguns, mesmo em regiões menos desenvolvidas, vivem na opulência ou desperdiçam os bens. O luxo e a miséria existem simultaneamente [...]; o progresso econômico deve permanecer sob a deliberação do homem. Não pode ser abandonado ao só arbítrio de poucas pessoas", nem "ao curso quase mecânico da vida econômica" (GS, nn. 63-65).

Ao tratar das condições de trabalho, do latifúndio improdutivo e do poder especulativo do mercado, a *Gaudium et Spes* é de uma atualidade profética surpreendente. Basta comparar as palavras do Concílio com a teoria do mercado total.

GS, n. 75, vai falar da responsabilidade dos cristãos na vida da comunidade política e insiste: "Pela integridade e com prudência, lutem contra a injustiça e a opressão, ou o absolutismo e a intolerância, seja de um homem ou de um partido". Ainda lembrados do nazismo, do fascismo, do holocausto, os padres antecipam os horrores das ações dos países centrais sobre os países periféricos. João Paulo II sintetizou a *Gaudium et Spes* dizendo: "Não podemos pagar a dívida com a fome e a miséria das populações pobres".

No capítulo sobre a construção e a promoção da comunidade dos povos, a *Gaudium et Spes* retoma as advertências de João XXIII na *Pacem in Terris*. O Papa alertava para "o risco da corrida armamentista e da guerra total". O Concílio se realiza na época da Guerra Fria e do fantasma da bomba atômica sobre os países europeus. E concluía: não basta a "paz do medo, assentada sobre o equilíbrio das armas", nem a "paz da morte"; o que se busca é a paz fundamentada na justiça e no direito (GS, nn. 80-83).

Deve-se sublinhar ainda o pedido da *Gaudium et Spes* para que se instalem novas relações internacionais, novas instituições supranacionais, a cooperação nos campos econômico, político, social e cultural (cf. GS, n. 86). É um profetismo claro e contundente, principalmente se se observa a ação de organismos internacionais, cuja função seria promover um entendimento entre os povos e fomentar novas relações: FMI, OMC, Banco Mundial, ONU... Em vez de regular "com justiça e equidade" o comércio e a política entre as nações, eles buscam manter a atual ordem mundial, ao mesmo tempo concentradora e excludente.

4

Desdobramentos após a Gaudium et Spes

4.1. Encíclicas anteriores à *Gaudium et Spes*

Já afirmamos que a Constituição Pastoral *Gaudium et Spes* se coloca na continuidade de toda uma ação social da Igreja a partir dos Papas Pio XII, João XXIII e Paulo VI. Aqui frisamos as três grandes encíclicas papais da década de 1960 e que precederam a *Gaudium et Spes*: *Mater et Magistra*, de 15 de maio de 1961; *Pacem in Terris*, de 11 de abril de 1963; e *Ecclesiam Suam*, de 6 de agosto de 1964.

4.1.1. *Mater et Magistra*

A *Mater et Magistra* é uma Carta-Encíclica de João XXIII sobre a recente evolução da questão social à luz da doutrina cristã. Publicada no septuagésimo aniversário da *Rerum Novarum*, de Leão XIII, ela é considerada um marco importante da Doutrina Social da Igreja. João XXIII utiliza-se largamente dos "novos sinais dos tempos". O início da década de 1960 é profundamente conturbado e com, esta encíclica, João XXIII dá a resposta católica para os problemas sociais da época. Ela influenciou largamente os documentos papais posteriores a ela. A introdução da *Mater et Magistra* é uma orientação que a *Gaudium et*

Spes leva à risca, quando o Papa fixa a visão integral da Igreja sobre a pessoa humana. Diz João XXIII: "De modo que a Santa Igreja, apesar de ter, como principal missão, a de santificar as almas e de as fazer participar dos bens da ordem sobrenatural, não deixa de preocupar-se ao mesmo tempo com as exigências da vida cotidiana dos homens, não só naquilo que diz respeito ao sustento e às condições de vida, mas também no que se refere à prosperidade e à civilização em seus múltiplos aspectos, dentro do condicionamento de várias épocas".[1]

O Papa recorda as mais importantes modificações acontecidas no mundo de 1941 até 1961:

1. No campo científico e tecnológico, ele cita o uso da energia nuclear; o surgimento dos produtos sintéticos; a automação; o desenvolvimento das comunicações; a rapidez crescente dos meios de transporte; a modernização da agricultura; e o início da conquista dos espaços interplanetários.

2. No campo social, ele cita a difusão dos seguros sociais e da previdência social; a maior responsabilidade dos sindicatos perante os problemas econômicos e sociais; o grande desnível entre zonas economicamente desenvolvidas e outras menos desenvolvidas dentro de cada país e ainda grande desnível entre os países desenvolvidos de então e os em vias de desenvolvimento; o aparecimento de "um bem-estar cada vez mais generalizado; a crescente mobilidade social e a consequente remoção das barreiras entre as classes; e

---

[1] JOÃO XXIII. Carta encíclica de João XXIII, Mater et magistra. Evolução da questão social à luz da doutrina cristã, 3. In: http://jingalls.com/holy_father/john_xxiii/encyclicals/documents/hf_j-xxiii_enc_15051961_mater_po.html http://jingalls.com/holy_father/john_xxiii/encyclicals/documents/hf_j-xxiii_enc_15051961_mater_po.html. Acessada em 10 de janeiro de 2010.

o interesse do homem de cultura média pelos acontecimentos diários de repercussão mundial".

3. No campo político, ele cita a independência política dos povos da África e da Ásia; o declínio dos regimes coloniais; "a participação na vida pública de um número cada vez maior de cidadãos de diversas condições sociais; a difusão e a penetração da atividade dos poderes públicos no campo econômico e social; [...] a multiplicação e a complexidade das relações entre os povos e o aumento da sua interdependência; e a criação e o desenvolvimento de uma rede cada vez mais apertada de organismos de projeção mundial, com tendência a inspirar-se em critérios supranacionais", sendo a ONU o seu exemplo mais paradigmático.

4.1.2. *Pacem in Terris*

Esse documento foi publicado dois meses antes da morte de João XXIII, dois anos após a construção do Muro de Berlim e alguns meses após a Crise dos Mísseis em Cuba. Nesse documento João XXIII afirma que os conflitos entre as nações terão que ser resolvidos com negociações e não com armas. O Papa declara que a paz entre os povos exige a verdade como fundamento, a justiça como norma, o amor como motor, a liberdade como clima. *Pacem in Terris* é considerada uma das mais famosas encíclicas papais. Influenciou grandemente o Vaticano II e é o primeiro documento da Igreja a ser dirigido "a todas as pessoas de boa vontade".

Esquematicamente a *Pacem in Terris* se apresenta assim:

1. A pessoa humana é o fundamento da paz, fazendo uma reflexão aprofundada dos direitos e deveres da pessoa humana.

2. A autoridade procede de Deus, mas deve ser sempre orientada para a promoção do bem comum e dos direitos humanos. Daí a exigência de uma relação aprofundada, em cada comunidade, entre os indivíduos e os poderes públicos.

3. O documento aceita a existência de direitos e deveres internacionais, que devem ser fundamentados na verdade, na justiça, na solidariedade e na liberdade. Decorre dessa afirmação a aceitação dos direitos das minorias, dos refugiados políticos, do desarmamento e dos povos subdesenvolvidos.

4. A afirmação do princípio de subsidiariedade, permitindo às pessoas exercerem as suas atribuições dentro da linha do bem comum. Analisa, pois, as relações dos indivíduos e das comunidades políticas com a comunidade mundial. Preconiza, então, a instituição de uma autoridade pública universal.

5. A acentuação do aspecto ecumênico ao convocar todas as pessoas de boa vontade a restaurar as relações da convivência humana. É forte o caráter pastoral da encíclica, recomendando a participação de todos os cidadãos na vida pública. Ademais, aceita a competência científica, técnica e profissional dos responsáveis, a inspiração cristã das instituições encarregadas do bem temporal e a colaboração dos católicos no setor socioeconômico-político.

4.1.3. *Ecclesiam Suam*

Esta encíclica foi promulgada no dia 6 de agosto de 1964, festa da Transfiguração do Senhor e segundo ano do pontificado de Paulo VI. Nela o Papa identifica a Igreja com o Corpo de Cristo, superando teologicamente a

Lumen Gentium. Esta, com efeito, afirmava que a Igreja subsiste no Corpo de Cristo. A Igreja é a mãe amorosa de toda a família humana. Coloca a *Ecclesiam Suam* na trilha da monumental *Mystici Corporis* de Pio XII.[2] "A doutrina do Corpo Místico de Cristo, que é a Igreja, recebida dos lábios do próprio Redentor e que põe na devida luz o grande e nunca assaz celebrado benefício, da nossa íntima união com tão excelsa Cabeça, é de sua natureza tão grandiosa e sublime que chama à contemplação todos os que são movidos pelo Espírito de Deus; e, iluminando as suas inteligências, incita-os eficazmente a obras salutares, consentâneas com a mesma doutrina". O Papa tem consciência de estar explicitando a doutrina de todos os tempos sobre a Igreja, doutrina esta reafirmada por Pio XII, João XXIII e ele próprio. Em razão desta fidelidade à mensagem do Evangelho, o Papa convida as Igrejas separadas para se unirem. Ademais, relembrou e reforçou o culto à Mãe de Deus como fonte de ensinamentos evangélicos.

4.2. Documentos posteriores à *Gaudium et Spes*

4.2.1. *Populorum Progressio*

Ela é datada de 6 de março de 1967. Dedicada à cooperação entre os povos e ao problema dos países em desenvolvimento, a encíclica declara de alto e bom tom: "A terra foi dada a todos e não apenas aos ricos. Quer dizer que a propriedade privada não constitui para ninguém um direito incondicional e absoluto. Ninguém tem direito de reservar para seu uso exclusivo aquilo que é supérfluo, quando a outros falta o necessário. Numa

---

[2] Cf. http://jingalls.com/holy_father/pius_xii/encyclicals/documents/hf_p-xii_enc_29061943_mystici-corporis-christi_po.html.

palavra, 'o direito de propriedade nunca deve exercer--se em detrimento do bem comum, segundo a doutrina tradicional dos Padres da Igreja e dos grandes teólogos'. Surgindo algum conflito 'entre os direitos privados e adquiridos e as exigências comunitárias primordiais', é ao poder público que pertence 'resolvê-lo, com a participação ativa das pessoas e dos grupos sociais" (23). O Papa propõe a criação de um grande fundo mundial, sustentado por uma parte da verba das despesas militares, para vir em auxílio dos mais deserdados. Com coragem o texto verbera tanto o liberalismo sem freio que conduziu ao "imperialismo internacional do dinheiro", como a coletivização integral e a planificação arbitrária que priva as pessoas de sua liberdade e de seus direitos fundamentais. Sendo uma das encíclicas mais importantes da história da Igreja Católica, o documento recebeu ferozes críticas dos meios mais conservadores, máxime quando admite o direito à insurreição revolucionária no caso de tirania evidente e prolongada que ofendesse seja os direitos fundamentais da pessoa seja o bem comum do país. Indica as obrigações recíprocas para as multinacionais. Tais empresas deveriam ser pioneiras da justiça social. Por fim, incita ao bom acolhimento dos jovens e dos trabalhadores emigrantes de nações pobres.

4.2.2. *Octogesima Adveniens*

Não se trata de uma encíclica e sim de uma Carta Apostólica que Paulo VI escreveu ao Cardeal Maurice Roy, então Presidente do Concílio dos Leigos e da Comissão Pontifícia Justiça e Paz. Escrita por ocasião dos oitenta anos da *Rerum Novarum*, de Leão XIII, considerada a magna carta dos documentos sociais da Igreja. Foi promulgada no dia 14 de maio de 1971. Trata do direito dos povos ao desenvolvimento integral. É uma convocação veemente à ação. Pede a ação política em prol da justiça econômica e que se faça, ao mesmo tempo, uma análise objetiva da situação da sociedade visando individuar medidas em prol da justiça. Ademais, conclama os cristãos individualmente, e as Igrejas locais em geral, a fim de envidarem esforços para superar as situações de injustiça. Enfim, o Papa solicita uma ação política orientada para mudanças efetivas.

4.2.3. *Evangelii Nuntiandi*

Evangelii Nuntiandi não é uma encíclica e sim uma exortação apostólica. Sua força, contudo, e a felicidade de seus argumentos dão uma vitalidade incomum. Foi promulgada por Paulo VI no dia 8 de dezembro de 1975. Embora não seja uma encíclica e nem trate especificamente de assuntos sociais, a *Evangelii Nuntiandi* apresenta o Evangelho como libertação e pede que seja assim proclamado. E o documento pede que se assistam às pessoas nessa libertação, dê-se testemunho dela como pessoas libertas e que se garanta a sua realização. Ademais — e aqui está a razão da inclusão desta exortação apostólica neste local —, que a justiça social faça parte integrante do anúncio da fé. Mais ainda, que se passe da doutrina social à sua atuação, mediante a integração da transformação da pessoa com a transformação da sociedade.

4.2.4. *Laborem Exercens*

A encíclica foi publicada em setembro de 1981. Possui uma atualidade surpreendente. Ela oferece uma reflexão profunda sobre os diferentes aspectos sociais e espirituais que enquadram o trabalho humano. A cncíclica faz um deslocamento fundamental: foca o trabalhador e sua dignidade. É o homem todo que trabalha, e por isso mesmo, todo trabalho é digno. O trabalho digno, baseado na justiça, é um passo para a paz. O documento inova, ao fomentar a prática dos salários justos, a participação do trabalhador na gestão das empresas. Todos os trabalhadores têm direito de formar associações que permitam a defesa de seus direitos e interesses vitais. O trabalhador migrante seja tratado segundo os padrões que se aplicam aos cidadãos. Por fim, a justiça no emprego é responsabilidade da sociedade, do patrão e dos trabalhadores.

4.2.5. *Sollicitudo Rei Socialis*

A encíclica foi publicada no dia 30 de dezembro do ano de 1987, décimo do pontificado de João Paulo II, comemorando o vigésimo aniversário da *Populorum Progressio*, de Paulo VI. O documento trata do desenvolvimento dos povos no contexto internacional e sobre as problemáticas do trabalho e da questão social em dimensão mundial, baseando-se na experiência das suas viagens apostólicas pelo mundo. O Papa salienta a oportunidade da encíclica de Paulo VI sobre tema do desenvolvimento. Denuncia o fosso econômico-social entre o Norte e o Sul, com as suas consequências trágicas.

Reconhece aspectos positivos da evolução, propondo critérios para um autêntico desenvolvimento humano à luz do Evangelho e do bom senso. O Papa pede que se divulgue a doutrina social da Igreja e que se adquira a vontade política de instituir mecanismos justos para o bem comum da humanidade. Pede o reconhecimento da injustiça do desequilíbrio entre os que têm muito pouco e os que têm demais. Além disso, pede que se planifique o desenvolvimento no respeito para com a natureza. Denuncia, enfim, as estrutura pecaminosas e perversas.

4.3. A *Gaudium et Spes* na Pastoral da Igreja do Brasil

4.3.1. Introdução

Fizemos, até aqui, uma apresentação da *Gaudium et Spes*. Buscamos colocá-la dentro do espírito que a precedeu e daquele que ela mesma deu origem. Para tecer algumas considerações sobre a influência da *Gaudium et Spes* na pastoral da Igreja no Brasil, retomaremos alguns conceitos que caracterizaram o Concílio e que estão, em cheio, dentro da constituição que o concluiu. Já dissemos que o Concílio enfrentou os desafios do mundo com um espírito profeticamente universal e missionário. Esta universalidade pode ser vista, em primeiro lugar, pela grandeza da participação dos Padres Conciliares. Se o compararmos com Niceia (325) e Vaticano I (1870), veremos a grandeza dos números. Niceia teve 318 participantes e passou para a história como "o grande e santo sínodo dos 318 padres". O Vaticano I teve 642 participantes. O Vaticano II contou com mais de 2.500 padres conciliares já em sua abertura.

O Concílio foi também um foro universal particularmente atento aos problemas da humanidade e pelo qual a humanidade demonstrou grande interesse. A princípio o Concílio esteve voltado para os problemas do momento. Aos poucos, contudo, ele foi recebendo nas suas preocupações a presença dos sujeitos intermédios: os povos, as culturas, os grupos humanos...

Paulo VI, no discurso de abertura da II sessão, em 29 de setembro, afirmará: "Enquanto a Igreja procura animar a sua vitalidade interior no Espírito do Senhor, distingue-se e separa-se da sociedade profana, na qual está imersa, qualificando-se, ao mesmo tempo, como fermento vivificante e instrumento de salvação do mundo, e descobrindo e fortalecendo a sua vocação missionária, que é a sua essencial destinação: fazer da humanidade, em qualquer condição que ela se encontre, o objeto de sua apaixonada missão evangelizadora".[3]

4.3.2. A *Gaudium et Spes* e a Igreja do Brasil

O Brasil contou com a presença plena de seus bispos na aula conciliar. Algumas figuras se destacaram, entre elas a de Dom Helder Câmara, amigo pessoal do Papa Montini, dos cardeais Larrain (Chile), por ele chamado de "Manoelito", de Suenes (Bélgica), Etchegaray (França). Outros bispos participaram das comissões preparatórias. Citamos, entre outros, os cardeais Scherer, de Porto Alegre, e Jaime Câmara, do Rio de Janeiro. Alguns teólogos de nome internacional estiveram entre os peritos, tais como Guilherme Baraúna, Boaventura Kloppenburg e outros.

A Igreja do Brasil não foi a mesma após o Concílio. A força e o elã por ele produzidos repercutiram em todas as linhas pastorais da Igreja do Brasil. A CNBB, fundada em 1955, por ocasião do Congresso Eucarístico Internacional do Rio de Janeiro, foi a entidade que congregou emblematicamente toda essa ação.

O tempo do Concílio foi fundamental para a organização pastoral da Igreja do Brasil. Sob o impulso renovador

---

[3] PAULO VI. Discurso do Papa Paulo VI na solene inauguração da 2ª sessão do Concílio Vaticano II. 29 de setembro de 1963. In: http://www.vatican.va/holy_father/paul_vi/speeches/1963/documents/hf_p-vi_spe_19630929_concilio-vaticano-ii_po.html. Acessado em 10 de janeiro de 2010.

do Concílio, lança-se o projeto da Campanha da Fraternidade para a quaresma de 1964.[4] Além da CF, nascem organizações pastorais, tais como Plano Pastoral de Emergência e o Plano de Pastoral de Conjunto. A Campanha da Fraternidade brota, ela própria, de uma experiência comunitária de fraternidade dos bispos brasileiros. Durante quatro anos, num período de mais de três meses por ano, os bispos ficaram hospedados na mesma casa, em Roma. Havia espaços para reunião, estudos, troca de experiências, em um ambiente propício para uma pastoral orgânica. A participação vai crescendo e a organização também. Em 1970, a CF ganha um especial e significativo apoio com a mensagem do Papa em rádio e televisão na sua abertura, na quarta-feira de cinzas. É o que acontece até os dias de hoje.

Desde 1964, a CF é uma ampla atividade de evangelização durante a quaresma. Sua finalidade primeira é ajudar os cristãos e as pessoas de boa vontade a assumirem compromissos concretos no processo de transformação da sociedade. Com um compromisso concreto, a CF se torna um grande instrumento para viver o espírito quaresmal de conversão na transformação de estruturas injustas e não cristãs. Projetos da CF e projeto de Deus se entrecruzam em prol do bem comum. Em suma, todos devem evangelizar e sustentar concretamente — o gesto pecuniário no final da campanha — a pregação do Evangelho.

---

[4] No site da CF — http://www.cf.org.br/natureza.php — encontram-se elementos significativos para se compreender a gênese, a história e o funcionamento da CF. Não é nosso objetivo fazer aqui uma história da CF desde a sua fundação. O embrião da CF foi a ação de algumas Igrejas do Nordeste, sob a direção de Dom Eugênio Sales, então presidente da Cáritas. A finalidade precípua era a de um organismo angariador de fundos para a subsistência da mesma Cáritas. O projeto-embrião ganha força em 26 de dezembro de 1963.

4.3.3. Lemas e temas da CF

A partir do seu começo, a CF segue a linha de desenvolvimento das fases do Concílio. Os temas seguiram um roteiro histórico. Como os primeiros documentos aprovados pelo Concílio foram *Sacrosanctum Concilium*, sobre a liturgia, e *Lumen Gentium*, sobre a Igreja, os temas seguiram este embalo.

A segunda lista temática da CF surge a partir da *Gaudium et Spes*. A partir de Medellín, conferência das Igrejas locais da América Latina para instaurar a vivência conciliar no continente. Deu-se, então, a mudança de postura temática da CF.

A CF nasceu como um programa conjunto dos Organismos Nacionais da CNBB e das Igrejas particulares no Brasil, realizado à luz e na perspectiva das Diretrizes Gerais da Ação Evangelizadora da Igreja no Brasil. Desde 1963, com o Plano de Emergência, e 1966, com o Plano de Pastoral de Conjunto, a ação evangelizadora (pastoral) da Igreja vive um processo de planejamento abrangente. Este processo tem as Diretrizes como fundamentação e inspiração e se expressa no Plano de Pastoral, feito em diversos níveis.[5]

Os temas da CF têm um roteiro próprio de eventos especiais, com influências precisas: o centenário da *Rerum Novarum* em 1991, "Solidários na Dignidade do Trabalho"; ano da família em 1994, "A Família, como vai?".

Além disso, entram nos temas os desafios sociais, políticos, culturais e religiosos da realidade brasileira, bem como as Diretrizes Gerais da Ação Evangelizadora da Igreja no Brasil e os documentos do magistério da Igreja universal.

---

[5] Dados retirados do site: http://salvemaria.sites.uol.com.br/cf.htm.

Durante mais de trinta anos, os temas podem ser divididos em três fases.

a) Primeira fase de temas da CF

A primeira está na linha de uma busca da renovação interna da Igreja. Há os temas que visam à renovação da Igreja. Assim foi em 1964: *lembre-se: você também é Igreja*, e em 1965, visando à renovação da paróquia: *faça de sua paróquia uma comunidade de fé, culto e amor.*

A renovação do cristão é tratada nas CFs de 1966: somos responsáveis uns pelos outros. O lema da corresponsabilidade entra em 1967: *somos todos iguais, somos todos irmãos.* Em 1968 é a vez do tema "doação": *Crer com as mãos.* A descoberta do outro é o tema de 1969: *Para o outro, o próximo é você.* E a participação é marcada em 1970, com um verbo no infinitivo: *participar.* Em 1971, o tema é também expresso no infinitivo: *reconciliar;* e em 1972 a CF trata dos serviços e vocação: *Descubra a felicidade de servir.*

b) Segunda fase

A segunda fase trata de temas relacionados à Igreja *ad extra*, isto é, voltada para fora. Uma viragem fundamental, bem no espírito da *Gaudium et Spes*. Destarte, em 1973, sob o tema "Fraternidade e libertação", o lema foi *O egoísmo escraviza, o amor liberta.* "Reconstruir a vida" foi o tema de 1974. O lema foi *Onde está o teu irmão?* O tema de 1975 foi "Fraternidade é repartir", com o lema *Repartir o pão.* Em 1976, o lema foi *Caminhar juntos*, e o tema "Fraternidade e comunidade". "Comece em casa", foi o tema de 1977; o lema: *Fraternidade na família*. Em 1978, com o tema "Fraternidade no mundo do trabalho", o lema escolhido foi *Trabalho e justiça para todos*. "Por um mundo mais humano" foi o tema de 1979; e o lema correspondente: *Preserve o que é de todos*.

Em 1980 o tema escolhido foi "Fraternidade no mundo das migrações. Exigência da Eucaristia". *Para onde vais?* foi o lema correspondente. Em 1981, o tema foi "Saúde e fraternidade", com o lema *Saúde para todos*. "Educação e fraternidade" foi o tema de 1982, com o lema: *A verdade vos libertará*. Em 1983 o tema foi "Fraternidade e violência", e o lema: *Fraternidade sim, violência não*. Em 1984, o tema foi "Para que todos tenham a vida", com o lema *Fraternidade e vida*.

c) Terceira fase

A terceira fase mostra a Igreja que se volta para situações existenciais do povo brasileiro. "Fraternidade e fome" é o tema, com o lema *Pão para quem tem fome*. Em 1986, com o tema "Fraternidade e terra", o lema vai ser *Terra de Deus, terra de irmãos*.

Em 1987, o tema vai ser "Quem acolhe o menor, a Mim acolhe"; o lema será *A fraternidade e o menor*. "A fraternidade e o negro" é o tema de 1988; o lema vai ser *Ouvi o clamor deste povo!* O lema *Comunicação para a verdade e a paz* vem junto com o tema "A fraternidade e a comunicação". Em 1990, "A fraternidade e a mulher" é o tema; e o lema: *Mulher e homem: imagem de Deus*. Em 1991, o tema "A fraternidade e o mundo do trabalho" tem o lema *Solidários na dignidade do trabalho*. Em 1992 o tema será "Fraternidade e juventude", com o lema *Juventude — caminho aberto*. "Fraternidade e Moradia" é o tema de 1993, gerando o lema: *Onde moras?* Já em 1994, o lema vai ser *A família, como vai?*, e o tema: "Fraternidade e moradia". Em 1995, o tema "A fraternidade e os excluídos" vai dar o lema *Eras tu, Senhor?* Em 1996, o tema "A fraternidade e a política" forma o lema *Justiça e paz se abraçarão!* Em 1997, o tema foi *A fraternidade e os encarcerados*, e o lema "Cristo liberta de todas as prisões". Em 1998 o tema será "Fraternidade e educação", com o lema: *A serviço da vida e da esperança*. No ano 2000, a CF foi ecumênica, com o tema "Dignidade humana e paz, com o lema *Novo Milênio sem exclusões*. Em 2001, o tema "A fraternidade e as drogas" tem como lema *Vida sim – droga não!* Em 2002, o tema foi "Fraternidade e povos indígenas", e o lema *Por uma terra sem males!* O lema de 2003 é *Vida, dignidade e esperança*, com o tema "Fraternidade e pessoas idosas". "Fraternidade e água" é o tema de 2004, com o lema *Água, fonte de vida*. Em 2005, novamente a CF foi ecumênica, com o tema "Solidariedade e paz"; o lema correspondente é *Felizes os que promovem a paz*. 2006 tem como tema "Fraternidade e pessoas portadoras de necessidades especiais", e o lema é *Levanta-se, vem para o meio*. Em 2007, o tema foi "Fraternidade e Amazônia", e o lema *Vida e missão neste chão...*

5
Conclusão e atenções

Os temas poderiam ir até as derradeiras campanhas. Contudo, o que até então trouxemos mostra à saciedade o compromisso da Igreja de Deus que está no Brasil.

Toda a vitalidade que vimos na Igreja do Brasil — e poderíamos percorrer outras Igrejas locais igualmente ricas — mostra a Igreja como "criatura do Espírito". Nesta Igreja, dimensão *ad intra* e dimensão *ad extra* estão intimamente interconexas. Mas é claramente a tensão *ad extra*, de dentro para fora, que dá o impulso decisivo ao Concílio.

De fato, o Vaticano II não foi um concílio missionário. Ele se debruçou sobre questões missiológicas específicas com consequências práticas, imediatas e precisas na atividade missionária *ad gentes*. O Concílio foi um evento missionário, totalmente embebido de uma tensão *ad extra*, no sentido que deslocou a Igreja para um profundo estado de missão universal. Não será mais uma missão permeada pelo espírito de conquista, mas no esforço de "colocar em contato com as energias vivificadoras e perenes do Evangelho o mundo moderno" (João XXIII). "A Igreja olha para ele, o mundo, com profunda compreensão, com sincera admiração e com franco propósito de não o conquistar, mas de valorizá-lo; não de condená-lo, mas de confortá-lo e de salvá-lo" (Paulo VI).

O Vaticano II foi um dom de Deus para a humanidade que ele ama. Nele, a *Gaudium et Spes* mostra os caminhos concretos desse amor. Um "espírito novo" perpassou a humanidade através da ação eclesial.

O Papa Paulo VI afirmou na encíclica *Ecclesiam Suam* que a Igreja é para o mundo, a religião católica é para a humanidade e o Concílio é um ato solene de amor para a humanidade.

Eis uma síntese do caminho feito pela Igreja a partir da *Gaudium et Spes*. Enquanto fizemos uma caminhada buscando relembrar a grandeza profética da *Gaudium et Spes*, não podemos fechar os olhos, na atualidade, para o que parece "um retrocesso" nesse elã. Há um sonho de voltar à Igreja do modelo cristandade... É preciso ter coragem para assumir todas as ferramentas que permitem vivenciar concretamente nossa fé.

Há toda uma Igreja em ação nas mais diversas pastorais específicas, há todo um movimento de construção de homens e mulheres de boa vontade. Toda esta ação pode representar o olhar evangélico, misericordioso e compassivo de Jesus, sensível e solidário.

Aceitar tal solicitude pastoral permanente e recriá-la a cada momento é tornar atual o sonho da *Gaudium et Spes*, que pensou nas dores e esperanças, nas lutas e sonhos, nos caminhos e aspirações dos pobres e excluídos.

6

A Gaudium et Spes: suas riquezas

6.1. Introdução

A *Gaudium et Spes* é um todo unitário, embora formada de duas partes. Após um proêmio e uma introdução, onde lê a condição do homem no mundo atual, a primeira parte tem um cunho mais doutrinário. Prevalecem nela temas eclesiológicos, muitos dos quais já debatidos na *Lumen Gentium*. Haveremos de sublinhar a leitura pastoral que aí se faz do sacerdócio comum do Povo de Deus. A segunda parte é essencialmente pastoral, centrada nos grandes problemas do mundo atual. Citam-se, entre eles, os desafios do Matrimônio e da família, a questão demográfica, as injustiças sociais entre as classes e os povos, a comunidade política e a promoção paz. O documento mostra-se tolerante com relação aos progressos científicos e os aceita e fomenta. A *Gaudium et Spes* representa a passagem de uma Igreja mais voltada para si mesma a uma Igreja voltada para o mundo.

6.2. A leitura do documento: indicações do próprio Concílio

É significativa a nota que os padres conciliares colocam na abertura do proêmio, dando o sentido com que se deve ler o documento.

6.2.1. *Aggiornamento*

Na abertura do Concílio, João XXIII falava de um *aggiornamento* da Igreja em seu ser, em suas atitudes, em sua doutrina, em sua ação social. A *Gaudium et Spes* é um passo importante e significativo na doutrina social da Igreja. É um marco fundamental de seu *aggiornamento*. Respigaremos, a seguir, alguns artigos mais significativos e marcantes deste documento.

Texto e comentário

Constituição Pastoral Gaudium et Spes sobre a Igreja no mundo de hoje*

Paulo bispo servo dos servos de Deus com os padres do Sagrado Concílio para a perpétua memória

---

* Este é o célebre esquema 13, assim chamado por causa do lugar que ocupava na lista dos documentos a partir de 1964. Alguns dos pontos nele traçados foram sugeridos desde o princípio da preparação do Concílio. Se juntarmos a esses pontos aqueles que João XXIII referiu no discurso de 1º de setembro de 1962 e a mensagem do Concílio nove dias mais tarde, teremos os fundamentos deste documento. Em janeiro de 1963, a Comissão de coordenação mandou preparar um esquema sobre a atitude da Igreja perante os problemas do mundo atual. Em maio seguinte, estava já preparado um texto em seis capítulos, mas a Comissão referida mandou redigir um novo texto que fosse o desenvolvimento do I Capítulo, que tratava da maravilhosa vocação do homem. Também esta segunda redação, apreciada em fins de novembro de 1963, não agradou: uma subcomissão central, presidida pelo Bispo de Livorno, foi então encarregada de preparar novo texto; redigido em francês, este texto foi examinado e retocado em fevereiro de 1964 em Zurique; em março seguinte, já estava pronta a tradução latina dos três primeiros capítulos. Foram-se sucedendo as revisões, até que em julho o texto do documento foi enviado aos Padres: 29 páginas, 1 proêmio, 4 capítulos, 1 conclusão. O material dos outros capítulos continuava a ser reelaborado. Entretanto, começaram a chegar a Roma as sugestões dos Padres. Desde 20 de outubro a 5 de novembro de 1964, e de 9 a 10 deste mesmo mês, o Concílio examinou o esquema. As observações orais e escritas foram inúmeras. Continuou, por isso, o trabalho de elaboração do texto, que seria enviado aos Padres em 28 de maio de 1965: duas partes, uma teórica e outra prática, um proêmio, uma exposição introdutória, a primeira parte com 4 capítulos e a segunda parte com 5 capítulos e uma conclusão. Ao todo, 80 páginas de texto e 106 parágrafos. De 21 de setembro a 8 de outubro de 1965, o documento foi discutido na aula conciliar. Depois de introduzidas as emendas sugeridas, o número de parágrafos baixou para 97. De 15 a 17 de novembro, os Padres procederam às votações parciais, das quais resultou a necessidade de mais uma revisão para inserir as emendas propostas, voltando a diminuir o número de parágrafos, desta vez para 93. A votação global registrou o seguinte resultado: 2.373 votantes: 2.111 placet: 251 non placet; 11 nulos. No dia 7 de dezembro, durante a 9ª sessão pública, depois da última votação — 2.309 placet; 75 non placet; 10 nulos — o Santo Padre Paulo VI promulgou solenemente a Constituição pastoral.

Proêmio

União íntima da Igreja com toda a família humana

1. As alegrias e as esperanças, as tristezas e as angústias dos homens de hoje, sobretudo dos pobres e de todos aqueles que sofrem, são também as alegrias e as esperanças, as tristezas e as angústias dos discípulos de Cristo; e não há realidade alguma verdadeiramente humana que não encontre eco no seu coração. Porque a sua comunidade é formada por homens, que, reunidos em Cristo, são guiados pelo Espírito Santo na sua peregrinação em demanda do Reino do Pai, e receberam a mensagem da salvação para a comunicar a todos. Por este motivo, a Igreja

---

Proêmio: O Proêmio (1-3) é de uma riqueza ímpar. Celebra a íntima união da Igreja com toda a família humana. O texto, sobejamente conhecido, afirma: "As alegrias e as esperanças, as tristezas e as angústias dos homens de hoje, sobretudo dos pobres e de todos aqueles que sofrem, são também as alegrias e as esperanças, as tristezas e as angústias dos discípulos de Cristo; e não há realidade alguma verdadeiramente humana que não encontre eco no seu coração". Com sinceridade e força, a Igreja dirige a sua mensagem a todos os homens e mulheres, expondo-lhes a presença e a atividade da Igreja no mundo de hoje. O artigo continua com uma leitura bíblico-teológica da visão cristã do mundo. A exemplo de Cristo, que veio para salvar e servir, a Igreja quer realizar idêntica missão, manifestando solidariedade, respeito e amor a toda a família humana.

sente-se real e intimamente ligada ao gênero humano e à sua história.

Para quem se dirige o Concílio

2. Por isso, o Concílio Vaticano II, tendo investigado mais profundamente o mistério da Igreja, não hesita agora em dirigir a sua palavra, não já apenas aos filhos da Igreja e a quantos invocam o nome de Cristo, mas a todos os homens, e deseja expor-lhes o seu modo de conceber a presença e atividade da Igreja no mundo de hoje.

Tem, portanto, diante dos olhos o mundo dos homens, ou seja, a inteira família humana, com todas as realidades no meio das quais vive; esse mundo que é teatro da história da humanidade, marcado pelo seu engenho, pelas suas derrotas e vitórias; mundo que os cristãos acreditam ser criado e conservado pelo amor do Criador; caído, sem dúvida, sob a escravidão do pecado, mas libertado pela cruz e ressurreição de Cristo, vencedor do poder do maligno; mundo, finalmente, destinado, segundo o desígnio de Deus, a ser transformado e alcançar a própria realização.

A serviço do homem

3. Nos nossos dias, a humanidade, cheia de admiração ante as próprias descobertas e poder, debate, porém, muitas vezes, com angústia, as questões relativas à evolução atual do mundo, ao lugar e missão do homem no universo, ao significado do seu esforço individual e coletivo, enfim, ao último destino das criaturas e do homem. Por isso o Concílio, testemunhando e expondo a fé do povo de Deus, por Cristo congregado, não pode manifestar mais eloquentemente a sua solidariedade, respeito e

amor para com a inteira família humana, na qual está inserido, do que estabelecendo com ela diálogo sobre esses vários problemas, aportando a luz do Evangelho e pondo à disposição do gênero humano as energias salvadoras que a Igreja, conduzida pelo Espírito Santo, recebe do seu Fundador. Trata-se, com efeito, de salvar a pessoa humana e de restaurar a sociedade humana. Por isso, o homem será o fulcro de toda a nossa exposição: o homem uno e integral: corpo e alma, coração e consciência, inteligência e vontade.

Eis a razão por que o sagrado Concílio, proclamando a sublime vocação do homem, e afirmando que nele está depositado um germe divino, oferece ao gênero humano a sincera cooperação da Igreja, a fim de instaurar a fraternidade universal correspondente a esta vocação. Nenhuma ambição terrena move a Igreja, mas unicamente este objetivo: continuar, sob a direção do Espírito Paráclito, a obra de Cristo, que veio ao mundo para dar testemunho da verdade,[1] não para julgar mas para salvar, não para ser servido mas para servir.[2]

---

[1] A Constituição pastoral "A Igreja no mundo de hoje", formada por duas partes, constitui um todo unitário. É chamada "Pastoral" porque, apoiando-se em princípios doutrinais, pretende expor as relações da Igreja com o mundo e os homens de hoje. Assim, nem à primeira parte falta a intenção pastoral, nem à segunda a doutrinal.

Na primeira parte, a Igreja expõe a sua própria doutrina acerca do homem, do mundo no qual o homem está integrado e da sua relação para com essas realidades. Na segunda, considera mais expressamente vários aspectos da vida e da sociedade contemporâneas, e sobretudo as questões e problemas que, nesses domínios, parecem hoje de maior urgência. Daqui resulta que, nesta segunda parte, a matéria, tratada à luz dos princípios doutrinais, não compreende apenas elementos imutáveis, mas também transitórios.

A Constituição deve, pois, ser interpretada segundo as normas teológicas gerais, tendo em conta, especialmente na segunda parte, as circunstâncias mutáveis com que estão intrinsecamente ligados os assuntos em questão.

[2] Cf. Jo 3,17; 18,37; Mt 20,28; Mc 10,45.

Introdução
A condição do homem no mundo de hoje

Esperanças e angústias

4. Para levar a cabo esta missão, é dever da Igreja investigar a todo o momento os sinais dos tempos, e interpretá-los à luz do Evangelho; para que assim possa responder, de modo adaptado a cada geração, às eternas perguntas dos homens acerca do sentido da vida presente e da futura, e da relação entre ambas. É, por isso, necessário conhecer e compreender o mundo em que vivemos, as suas esperanças e aspirações, e o seu caráter tantas vezes

---

Introdução: A Introdução (4-10) analisa e ilumina a condição do ser humano no mundo atual. Em uma tentativa sincera de dialogar com a humanidade, reconhece que ela vive em uma nova fase de sua história, de mudanças profundas e rápidas. Contudo, embora dispondo de tantas riquezas, possibilidades e poder econômico, a realidade da fome, da miséria, do analfabetismo e outros males ainda atingem parte considerável da humanidade (4). O número é um grito de esperança e temor. Esperança de que o ser humano consiga transformar toda essa riqueza em partilha. Temor de que os seres humanos se tornem "incapazes de discernir os valores verdadeiramente permanentes e de os harmonizar com os novamente descobertos".

dramático. Algumas das principais características do mundo atual podem delinear-se do seguinte modo.

A humanidade vive hoje uma fase nova da sua história, na qual profundas e rápidas transformações se estendem progressivamente a toda a terra. Provocadas pela inteligência e atividade criadora do homem, elas repercutem sobre o mesmo homem, sobre os seus juízos e desejos individuais e coletivos, sobre os seus modos de pensar e agir, tanto em relação às coisas como às pessoas. De tal modo que podemos já falar de uma verdadeira transformação social e cultural, que se reflete também na vida religiosa.

Como acontece em qualquer crise de crescimento, esta transformação traz consigo não pequenas dificuldades. Assim, o homem, que tão imensamente alarga o próprio poder, nem sempre é capaz de o pôr ao seu serviço. Ao procurar penetrar mais fundo no interior de si mesmo, aparece frequentemente mais incerto a seu próprio respeito. E, descobrindo gradualmente com maior clareza as leis da vida social, hesita quanto à direção que lhe deve imprimir.

Nunca o gênero humano teve ao seu dispor tão grande abundância de riquezas, possibilidades e poderio econômico; e, no entanto, uma imensa parte dos habitantes da terra é atormentada pela fome e pela miséria, e inúmeros são ainda os analfabetos. Nunca os homens tiveram um tão vivo sentido da liberdade como hoje, em que surgem novas formas de servidão social e psicológica. Ao mesmo tempo em que o mundo experimenta intensamente a própria unidade e a interdependência mútua dos seus membros na solidariedade necessária, ei-lo gravemente dilacerado por forças antagônicas; persistem ainda, com efeito, agudos conflitos políticos, sociais, econômicos, raciais e ideológicos, nem está eliminado o perigo de uma guerra que tudo subverta. Aumenta o intercâmbio das ideias; mas as próprias palavras com que se exprimem conceitos da maior importância assumem sentidos muito diferentes segundo as diversas ideologias. Finalmente, procura-se com todo o empenho uma ordem temporal mais perfeita, mas sem que a acompanhe um progresso espiritual proporcionado.

Marcados por circunstâncias tão complexas, muitos dos nossos contemporâneos são incapazes de discernir os valores verdadeiramente permanentes e de harmonizá-los com os que, pouco a pouco, são descobertos. Daí que, agitados entre a esperança e a angústia, sentem-se oprimidos pela inquietação, quando se interrogam acerca da evolução atual dos acontecimentos. Mas esta desafia o homem, força-o até a uma resposta.

Mudanças profundas

5. A atual perturbação dos espíritos e a mudança das condições de vida estão ligadas a uma transformação mais ampla, na formação do espírito, a qual tende a dar

---

Os números de 5 a 9 explicitam as dimensões que trazem, ao mesmo tempo, esperanças e temores. O domínio da técnica é tão grande que o ser humano, após ter dominado a terra, tenta fazer o mesmo com o espaço (5). As mudanças na ordem social são muito intensas, originando uma nova ordem de pensar, de viver, de relacionar-se com os semelhantes e com o próprio Deus. "Massas crescentes praticamente se afastam da religião. Ao contrário do que sucedia em tempos passados, negar Deus ou a religião, ou prescindir deles, já não é um fato individual e insólito: hoje, com efeito, isso é muitas vezes apresentado como exigência do progresso científico ou de novo tipo de humanismo" (7). Tão rápidas

o predomínio às ciências matemáticas, físicas e humanas, e, no plano da ação, às técnicas, fruto dessas ciências. Esta mentalidade científica modela a cultura e os modos de pensar de maneira diferente do que no passado. A técnica progrediu tanto que transforma a face da terra e tenta já dominar o espaço.

Também sobre o tempo estende a inteligência humana o seu domínio: quanto ao passado, graças ao conhecimento histórico; relativamente ao futuro, com a perspectiva e a planificação. Os progressos das ciências biológicas, psicológicas e sociais não só ajudam o homem a conhecer-se melhor, mas ainda lhe permitem exercer, por meios técnicos, uma influência direta na vida das sociedades. Ao mesmo tempo, a humanidade preocupa-se cada vez mais com prever e controlar o seu aumento demográfico.

---

e profundas alterações têm provocado desequilíbrios pessoais, familiares e sociais (8). A pessoa humana, contudo, é um ser de desejo. A situação atual, com suas possibilidades e seus fracassos, faz crescer sempre mais as aspirações pessoais e humanas. Uma "aspiração mais profunda e universal: as pessoas e os grupos anelam por uma vida plena e livre, digna do homem, pondo ao próprio serviço tudo quanto o mundo de hoje lhes pode proporcionar em tanta abundância. E as nações fazem esforços cada dia maiores por chegar a uma certa comunidade universal" (9). É nesse contexto que o Concílio apresenta Jesus Cristo, chave, centro e fim de toda a história humana, Senhor e Mestre. Ele é capaz de iluminar o mistério do homem e cooperar na solução das principais questões do nosso tempo (10).

A partir daí o Concílio apresenta as duas partes temáticas. Uma mais de ordem teológico-pastoral e a outra mais eminentemente pastoral, conforme acentuamos no comentário ao Proêmio.

O próprio movimento da história torna-se tão rápido, que os indivíduos dificilmente o podem seguir. O destino da comunidade humana torna-se um só, e não já dividido entre histórias independentes. A humanidade passa, assim, de uma concepção predominantemente estática da ordem das coisas para outra, preferentemente dinâmica e evolutiva; daqui nasce uma nova e imensa problemática, a qual está exigindo novas análises e novas sínteses.

Transformações sociais

6. Pelo mesmo fato, verificam-se cada dia maiores transformações nas comunidades locais tradicionais, quais são as famílias patriarcais, os clãs, as tribos, as aldeias, nos diferentes grupos e nas relações sociais.

Difunde-se progressivamente a sociedade de tipo industrial, levando algumas nações à opulência econômica e transformando radicalmente as concepções e as condições de vida social vigentes desde há séculos. Aumenta também a preferência e a busca da vida urbana, quer pelo aumento das cidades e do número de seus habitantes, quer pela difusão do gênero de vida urbana entre os camponeses.

Novos e mais perfeitos meios de comunicação social permitem o conhecimento dos acontecimentos e a rápida e vasta difusão dos modos de pensar e de sentir; o que, por sua vez, dá origem a repercussões em cadeia.

Nem se deve minimizar o fato de que muitos homens, levados por diversos motivos a emigrar, mudam com isso o próprio modo de viver.

Multiplicam-se assim sem cessar as relações do homem com os seus semelhantes, ao mesmo tempo em que a esta socialização introduz novas ligações, sem no entanto favorecer em todos os casos uma conveniente maturação das pessoas e relações verdadeiramente pessoais ("personalização").

Tal evolução aparece mais claramente nas nações que já se beneficiam das vantagens do progresso econômico e técnico, mas nota-se também entre os povos ainda em via de desenvolvimento, que desejam alcançar para os seus países os benefícios da industrialização e da urbanização. Esses povos, sobretudo os que estão ligados a tradições mais antigas, sentem ao mesmo tempo a exigência de um exercício cada vez mais maduro e pessoal da liberdade.

Transformações psicológicas, morais e religiosas

7. A transformação de mentalidade e de estruturas põe muitas vezes em questão os valores tradicionais, sobretudo no caso dos jovens. Tornam-se frequentemente impacientes e, com a inquietação, até rebeldes; conscientes da própria importância na vida social, aspiram a participar nela o mais depressa possível. Por este motivo, os pais e educadores encontram não raro crescentes dificuldades no desempenho da sua missão.

Por sua vez, as instituições, as leis e a maneira de pensar e de sentir herdadas do passado nem sempre parecem adaptadas à situação atual; e daqui provém grave perturbação no comportamento e até nas próprias normas de ação.

Por fim, as novas circunstâncias atingem a própria vida religiosa. Por um lado, um sentido crítico mais apurado purifica-a da concepção mágica do mundo e de certas sobrevivências supersticiosas, e exige cada dia mais uma adesão pessoal e operante à fé; desta maneira, muitos chegam a um sentido mais vivo de Deus. Mas, por outro lado, massas crescentes praticamente se afastam da religião. Ao contrário do que sucedia em tempos passados, negar Deus ou a religião, ou prescindir deles, já não é um fato individual e insólito: hoje, com efeito, isso é muitas vezes apresentado como exigência do progresso científico ou de novo tipo de humanismo. Em muitas regiões, tudo isto não é apenas afirmado no meio filosófico, mas invade em larga escala a literatura, a arte, a interpretação das ciências do homem e da história e até as próprias leis civis; o que provoca a desorientação de muitos.

Desequilíbrios no mundo contemporâneo

8. Uma tão rápida evolução, muitas vezes processada desordenadamente e, sobretudo, a consciência mais aguda das desigualdades existentes no mundo, geram ou aumentam contradições e desequilíbrios.

Na própria pessoa, origina-se com frequência um desequilíbrio entre o saber prático moderno e o pensar teórico, que não consegue dominar o conjunto dos seus conhecimentos nem ordená-los em sínteses satisfatórias. Surge também desequilíbrio entre a preocupação da eficiência prática e as exigências da consciência moral; outras vezes, entre as condições coletivas da existência e as exigências do pensamento pessoal e até da contemplação. Gera-se, finalmente, o desequilíbrio entre a especialização da atividade humana e a visão global da realidade.

No seio da família, originam-se tensões, quer devido à pressão das condições demográficas, econômicas e sociais, quer pelas dificuldades que surgem entre as diferentes gerações, quer pelo novo tipo de relações sociais entre homens e mulheres.

Grandes discrepâncias surgem entre as raças e os diversos grupos sociais; entre as nações ricas, as menos prósperas e as pobres; finalmente, entre as instituições internacionais, nascidas do desejo de paz que os povos têm, e a ambição de propagar a própria ideologia; ou dos egoísmos coletivos existentes nas nações e em outros grupos. Daqui nascem desconfianças e inimizades mútuas, conflitos e desgraças, das quais o homem é simultaneamente causa e vítima.

Aspirações mais generalizadas da humanidade

9. Entretanto, vai crescendo a convicção de que o gênero humano não só pode e deve aumentar cada vez mais o seu domínio sobre as coisas criadas, mas ainda que lhe compete estabelecer uma ordem política, social e econômica, que o sirva cada vez melhor e ajude indivíduos e grupos a afirmar e desenvolver a própria dignidade.

Daqui vem a insistência com que muitos reivindicam aqueles bens de que, com uma consciência muito viva, se julgam privados por injustiça ou por desigual distribuição. As nações em via de desenvolvimento e as de recente independência desejam participar dos bens da civilização, não só no campo político mas também no econômico, e aspiram a desempenhar livremente o seu papel no plano mundial; e, no entanto, aumenta cada dia mais a sua distância, e muitas vezes, simultaneamente, a sua dependência mesmo econômica com relação às outras nações mais ricas e de mais rápido progresso. Os povos oprimidos pela fome interpelam os povos mais ricos. As mulheres reivindicam, onde ainda a não alcançaram, a paridade de direito e de fato com os homens. Os operários e os camponeses querem não apenas ganhar o necessário para viver, mas desenvolver, graças ao trabalho, as próprias qualidades; mais ainda, querem participar na organização da vida econômica, social, política e cultural. Pela primeira vez na história dos homens, todos os povos têm já a convicção de que os bens da cultura podem e devem estender-se efetivamente a todos.

Subjacente a todas estas exigências, esconde-se, porém, uma aspiração mais profunda e universal: as pessoas e os grupos anelam por uma vida plena e livre, digna do homem, pondo ao próprio serviço tudo quanto o mundo de hoje lhes pode proporcionar com tanta abundância. E as nações fazem esforços cada dia maiores por chegar a certa comunidade universal.

O mundo atual apresenta-se assim simultaneamente poderoso e débil, capaz do melhor e do pior, tendo patente diante de si o caminho da liberdade ou da servidão, do progresso ou da regressão, da fraternidade ou do ódio. E o homem torna-se consciente de que a ele compete dirigir as forças que suscitou, e que tanto o podem esmagar como servir. Por isso se interroga a si mesmo.

Os interrogativos mais profundos do homem

10. Na verdade, os desequilíbrios de que sofre o mundo hodierno estão ligados com aquele desequilíbrio fundamental que se radica no coração do homem. Porque no íntimo do próprio homem muitos elementos se combatem. Enquanto, por um lado, ele se experimenta, como criatura que é, multiplamente limitado, por outro sente-se ilimitado nos seus desejos, e chamado a uma vida superior. Atraído por muitas solicitações, vê-se obrigado a escolher entre elas e a renunciar a algumas. Mais ainda, fraco e pecador, faz muitas vezes aquilo que não quer e não realiza o que

desejaria fazer.[1] Sofre assim em si mesmo da divisão, da qual tantas e tão grandes discórdias se originam para a sociedade. Muitos, sem dúvida, que levam uma vida impregnada de materialismo prático, não podem ter uma clara percepção desta situação dramática; ou, oprimidos pela miséria, não lhe podem prestar atenção. Outros pensam encontrar a paz nas diversas interpretações da realidade que lhes são propostas. Alguns só do esforço humano esperam a verdadeira e plena libertação do gênero humano, e estão convencidos de que o futuro império do homem sobre a terra satisfará todas as aspirações do seu coração. E não faltam os que, desesperando de poder encontrar um sentido para a vida, louvam a coragem daqueles que, julgando a existência humana vazia de qualquer significado, se esforçam por lhe conferir, por si mesmos, todo o seu valor. Todavia, perante a evolução atual do mundo, a cada dia são mais numerosos os que põem ou sentem com nova acuidade as questões fundamentais: Que é o homem? Qual o sentido da dor, do mal, e da morte, os quais, apesar do enorme progresso alcançado, continuam a existir? Para que servem essas vitórias, ganhas a tão grande preço? Que pode o homem dar à sociedade, e que coisa pode dela receber? Que há para além desta vida terrena?

A Igreja, por sua parte, acredita que Jesus Cristo, morto e ressuscitado por todos os homens,[2] a estes oferece pelo Espírito Santo a luz e a força para poderem corresponder à sua altíssima vocação e que não lhes foi dado, sob o céu outro nome, no qual devam ser salvos.[3] Acredita também que a chave, o centro e o fim de toda a história

---

[1] Cf. Rm 7,14s.

[2] Cf. 2Cor 5,15.

[3] Cf. At 4,12.

humana se encontram no seu Senhor e Mestre. E afirma, além disso, que, subjacentes a todas as transformações, há muitas coisas que não mudam, cujo último fundamento é Cristo, o mesmo ontem, hoje, e para sempre.[4] Quer, portanto, o Concílio, à luz de Cristo, imagem de Deus invisível e primogênito entre todas as criaturas,[5] dirigir-se a todos, para iluminar o mistério do homem e cooperar na solução das principais questões do nosso tempo.

---

[4] Cf. Hb 13,8.
[5] Cf. Cl 1,15.

I Parte
A Igreja e a vocação do homem

Deve-se responder aos impulsos do Espírito

11. O povo de Deus, levado pela fé com que acredita ser conduzido pelo Espírito do Senhor, o qual enche o universo, esforça-se por discernir nos acontecimentos, nas exigências e aspirações, em que participa juntamente com os homens de hoje, quais são os verdadeiros sinais da presença ou da vontade de Deus. Porque a fé ilumina todas as coisas com uma luz nova, e faz conhecer o desígnio divino acerca da vocação integral do homem e, dessa forma, orienta o espírito para soluções plenamente humanas.

O Concílio propõe-se, antes de mais, julgar a esta luz os valores que hoje são mais apreciados e pô-los em relação com a sua fonte divina. Tais valores, com efeito, à medida que são fruto do engenho que Deus concedeu aos homens, são excelentes, mas, por causa da corrupção do coração humano, não raro são desviados da sua reta ordenação e precisam ser purificados.

I PARTE: A IGREJA E A VOCAÇÃO DO SER HUMANO: Conforme já afirmamos, esta parte faz, em linha de máxima, uma releitura de dois outros documentos do mesmo concílio: a *Lumen Gentium* e o *Ad Gentes*. Continuamos respigando alguns tópicos de cada número, aumentando — assim se espera — a vontade e o gostinho de ler ou reler aprofundadamente este valioso documento.

Que pensa a Igreja acerca do homem? Que recomendações parecem dever fazer-se em ordem à construção da sociedade atual? Qual é o significado último da atividade humana no universo? Espera-se uma resposta para estas perguntas. Aparecerá então mais claramente que o povo de Deus e o gênero humano, no qual aquele está inserido, se prestam mútuo serviço; manifestar-se-á assim o caráter religioso e, por isso mesmo, profundamente humano da missão da Igreja.

Capítulo I
A dignidade da pessoa humana

O homem, criado à imagem de Deus

12. Tudo quanto existe sobre a terra deve ser ordenado em função do homem, como seu centro e seu termo: neste ponto existe um acordo quase geral entre crentes e não crentes.

Mas que é o homem? Ele próprio já formulou, e continua a formular, acerca de si mesmo, inúmeras opiniões,

---

Capítulo I: A dignidade do ser humano é o tema dos números de 12 a 22. O número 11 introduz toda esta parte, acentuando o que a Igreja pensa do ser humano. O Povo de Deus, movido pela fé que ilumina todas as coisas com uma luz nova, pocura conhecer o desígnio divino acerca da vocação integral do homem e, dessa forma orientar o espírito para soluções plenamente humanas. Num intercâmbio vital, uma simbiose divino-humana, vão se buscando e encontrando respostas para as questões fundamentais que hoje são apresentadas. A aceitação da dignidade da pessoa humana é o ponto de partida irrenunciável (11-22). O número 12 é uma espécie de síntese desta aceitação: "o homem foi criado 'à imagem de Deus', capaz de conhecer e amar o seu Criador, e por este constituído senhor de todas as criaturas terrenas (cf. Gn 1,26; Sb 2,23), para as dominar e delas se servir, dando glória a Deus (cf. Eclo 17,3-10)". A grandeza do homem foi ofuscada pelo pecado (12), que faz o homem sentir profundamente sua pequenez e divisão interior e exterior. O pecado, contudo, diminui o homem,

diferentes entre si e até contraditórias. Segundo estas, muitas vezes se exalta, até se constituir norma absoluta, outras se abate até o desespero. Daí as suas dúvidas e angústias. A Igreja sente profundamente estas dificuldades e, instruída pela revelação de Deus, pode dar-lhes uma resposta que defina a verdadeira condição do homem, explique as suas fraquezas, ao mesmo tempo em que permita conhecer com exatidão a sua dignidade e vocação.

A Sagrada Escritura ensina que o homem foi criado "à imagem de Deus", capaz de conhecer e amar o seu Criador, e por este constituído senhor de todas as criaturas terrenas,[1] para as dominar e delas se servir, dando glória a Deus.[2] "Que é um mortal, para dele te lembrares, e um filho de Adão, que venhas visitá-lo? E o fizeste pouco menos que um deus, coroando-o de glória e beleza. Para que domine as obras de tuas mãos, sob os seus pés tudo colocaste" (Sl 8,5-7).

Deus, porém, não criou o homem sozinho: desde o princípio criou-os "varão e mulher" (Gn 1,27); e a sua união constitui a primeira forma de comunhão entre pessoas. Pois o homem, por sua própria natureza, é um ser social, que não pode viver nem desenvolver as suas qualidades sem entrar em relação com os outros.

Como também lemos na Sagrada Escritura, Deus viu "todas as coisas que fizera, e eram excelentes" (Gn 1,31).

O pecado

13. Estabelecido por Deus num estado de santidade, o homem, seduzido pelo maligno, logo no começo da sua história abusou da própria liberdade, levantando-se

---

[1] Cf. Gn 1,26; Sb 2,23.

[2] Cf. Eclo 17,3-10.

contra Deus e desejando alcançar o seu fim fora dele. Tendo conhecido a Deus, não lhe prestou a glória a ele devida, mas obscureceu-se o seu coração insensato e serviu à criatura, preferindo-a ao Criador.[3] E isto que a revelação divina nos dá a conhecer concorda com os dados da experiência. Quando o homem olha para dentro do próprio coração, descobre-se inclinado também para o mal, e imerso em muitos males, que não podem provir de seu Criador, que é bom. Muitas vezes, recusando reconhecer Deus como seu princípio, perturba também a devida orientação para o fim último e, ao mesmo tempo, toda a sua ordenação para si mesmo, para os demais homens e todas as coisas criadas.

O homem encontra-se, pois, dividido em si mesmo. E, assim, toda a vida humana, quer singular, quer coletiva, apresenta-se como uma luta dramática entre o bem e o mal, entre a luz e as trevas. Mais: o homem descobre-se incapaz de repelir por si mesmo as arremetidas do inimigo: cada um sente-se como que preso com cadeias. Mas o Senhor em pessoa veio, para libertar e fortalecer o homem, renovando-o interiormente e lançando fora o príncipe deste mundo (cf. Jo 12,31), que o mantinha na servidão do pecado.[4] Porque o pecado diminui o homem, impedindo-o de atingir a sua plena realização.

---

[3] Cf Rm 1,21-25.
[4] Cf. Jo 8,34.

---

impedindo-o de atingir a sua plena realização, não degenerando sua criação como corpo e alma imortal, capaz de decidir a própria sorte (13-14). Notável é a dignidade de seu entendimento, que faz o ser humano participar da luz da inteligência divina e atingir um

À luz dessa revelação, os homens encontram, ao mesmo tempo, a sua explicação última na sublime vocação e na profunda miséria que experimentam em si mesmos.

Os constitutivos do homem

14. O homem, ser uno, composto de corpo e alma, sintetiza em si mesmo, pela sua natureza corporal, os elementos do mundo material, os quais, por meio dele, atingem a sua máxima elevação e louvam livremente o Criador.[5] Não pode, portanto, desprezar a vida corporal; deve, pelo contrário, considerar o seu corpo como bom e digno de respeito, pois foi criado por Deus e há de ressuscitar no último dia. Todavia, ferido pelo pecado, experimenta as revoltas do corpo. É, pois, a própria dignidade humana que exige que o homem glorifique a Deus no seu corpo,[6] não deixando que este se escravize às más inclinações do próprio coração.

Não se engana o homem, quando se reconhece superior às coisas materiais e se considera como algo mais do que simples parcela da natureza ou anônimo elemento da cidade dos homens. Pela sua interioridade, transcende o universo das coisas: tal é o conhecimento profundo que ele alcança quando reentra no seu interior, onde Deus, que perscruta os corações[7] o espera, e onde ele, sob o olhar do Senhor, decide da própria sorte. Ao reconhecer, pois, em si uma alma espiritual e imortal, não se ilude com uma enganosa criação imaginativa, mero resultado de condições físicas e sociais; atinge, pelo contrário, a verdade profunda das coisas.

---

[5] Cf. Dn 3,57-90.

[6] Cf. 1Cor 6,13-20.

[7] Cf. 1Rs 16,7; Jr 17,10.

Dignidade da inteligência, a verdade e a sabedoria

15. Participando da luz da inteligência divina, com razão pensa o homem que supera, pela inteligência, o universo. Exercitando incansavelmente, no decurso dos séculos, o próprio engenho, conseguiu ele grandes progressos nas ciências empíricas, nas técnicas e nas artes liberais. Nos nossos dias, alcançou notáveis sucessos, sobretudo na investigação e conquista do mundo material. Mas buscou sempre, e encontrou, uma verdade mais profunda. Porque a inteligência não se limita ao domínio dos fenômenos; embora, em consequência do pecado, esteja parcialmente obscurecida e debilitada, ela é capaz de atingir com certeza a verdade inteligível.

Finalmente, a natureza intelectual da pessoa humana encontra e deve encontrar a sua perfeição na sabedoria, que suavemente atrai a mente do homem na busca e no amor da verdade e do bem, e graças à qual ele é levado por meio das coisas visíveis até as invisíveis.

Mais do que os séculos passados, o nosso tempo precisa de tal sabedoria, para que se humanizem as novas descobertas dos homens. Está ameaçado, com efeito, o futuro do mundo, se não surgirem homens cheios de sabedoria. E é de notar que muitas nações, pobres em bens econômicos, mas ricas em sabedoria, podem trazer às outras inapreciável contribuição.

---

progresso cada vez mais amplo e profundo (15). Diferentemente de todos os demais seres criados, a pessoa humana é digna por sua consciência, onde "descobre uma lei que não se impôs a si mesmo, mas à qual deve obedecer; essa voz, que sempre o está a chamar ao amor do bem e fuga do mal, soa no momento oportuno, na

Pelo dom do Espírito Santo, o homem chega, na fé, a contemplar e saborear o mistério do plano divino.[8]

Dignidade da consciência moral

16. No fundo da própria consciência, o homem descobre uma lei que não se impôs a si mesmo mas à qual deve obedecer; essa voz, que sempre o está chamando ao amor do bem e fuga do mal, soa no momento oportuno, na intimidade do seu coração: faze isto, evita aquilo. O homem tem no coração uma lei escrita pelo próprio Deus; a sua dignidade está em obedecer-lhe, e por ela é que será julgado.[9] A consciência é o núcleo mais secreto e o sacrário do homem, no qual se encontra a sós com Deus, cuja voz se faz ouvir na intimidade do seu ser.[10] Graças à consciência, revela-se de modo admirável aquela lei que se realiza no amor de Deus e do próximo.[11] Pela fidelidade à voz da consciência, os cristãos estão unidos aos demais homens, no dever de buscar a verdade e de nela resolver tantos problemas morais que surgem na vida individual e social. Quanto mais, portanto, prevalecer a reta consciência,

---

[8] Cf. Eclo 17,7-8.

[9] Cf. Rm 2,15-16.

[10] Cf. Pio XII, Radiomensagem acerca da formação da consciência cristã nos jovens, 23 março 1952: AAS 44 (1952), p. 271.

[11] Cf. Mt 22,37-40; Gl 5,14.

---

intimidade do seu coração: faze isto, evita aquilo" (16). A grandeza do ser humano encontra o ápice em sua liberdade. Com efeito, a liberdade verdadeira é a marca de Deus na criatura humana, senhora do próprio destino. Movida pela força da graça, a pessoa humana, libertada da escravidão do pecado, move-se para Deus, preparando-se para prestar contas do que tiver feito no final de

tanto mais as pessoas e os grupos estarão longe da arbitrariedade cega e procurarão conformar-se com as normas objetivas da moralidade. Não raro, porém, acontece que a consciência erra, por ignorância invencível, sem por isso perder a própria dignidade. Outro tanto não se pode dizer quando o homem se descuida de procurar a verdade e o bem e quando a consciência se vai progressivamente cegando, com o hábito de pecar.

Excelência da liberdade

17. Mas é só na liberdade que o homem pode se converter ao bem. Os homens de hoje apreciam grandemente e procuram com ardor esta liberdade; e com toda a razão. Muitas vezes, porém, fomentam-na de um modo condenável, como se ela consistisse na licença de fazer seja o que for, mesmo o mal, contanto que agrade. A liberdade verdadeira é um sinal privilegiado da imagem divina no homem. Pois Deus quis "deixar o homem entregue à sua própria decisão",[12] para que busque por si mesmo o seu Criador e livremente chegue à total e beatífica perfeição, aderindo a ele. Exige, portanto, a dignidade do homem que ele proceda segundo a própria consciência e por livre decisão, ou seja, movido e determinado pessoalmente de dentro e não levado por cegos impulsos interiores ou por mera coação externa. O homem atinge esta dignidade

---

[12] Cf. Eclo 15,14.

---

sua existência (17). O enigma da morte, contudo, ronda todo e qualquer momento da existência humana. Ela não aceita a dissolução total. É aí que a revelação divina faz-se iluminação plena: "A fé cristã ensina que a própria morte corporal, de que o homem

quando, libertando-se da escravidão das paixões, tende para seu fim pela livre escolha do bem e procura a sério e com diligente iniciativa os meios convenientes. A liberdade do homem, ferida pelo pecado, só com a ajuda da graça divina pode tornar plenamente efetiva esta orientação para Deus. E cada um deve dar conta da própria vida perante o tribunal de Deus, segundo o bem ou o mal que tiver praticado.[13]

O mistério da morte

18. É em face da morte que o enigma da condição humana mais se adensa. Não é só a dor e a progressiva dissolução do corpo que atormentam o homem, mas também, e ainda mais, o temor de que tudo acabe para sempre. Mas a intuição do próprio coração fá-lo acertar, quando o leva a aborrecer e a recusar a ruína total e o desaparecimento definitivo da sua pessoa. O germe de eternidade que nele existe, irredutível à pura matéria, insurge-se contra a morte. Todas as tentativas da técnica, por muito úteis que

_____
[13] Cf. 2Cor 5,10.

_____
seria isento se não tivesse pecado (18), acabará por ser vencida, quando o homem for pelo onipotente e misericordioso Salvador restituído à salvação que por sua culpa perdera" (cf. Sb 1,13; 2,23-24; Rm 5,21; 6,23; Tg 1,15). A raiz última da dignidade do ser humano "consiste na sua vocação à união com Deus. É desde o começo da sua existência que o homem é convidado a dialogar com Deus: pois, se existe, é só porque, criado por Deus por amor, é por Ele por amor constantemente conservado; nem pode viver plenamente segundo a verdade, se não reconhecer livremente esse amor e se entregar ao seu Criador" (19). Aqui se coloca o "drama

sejam, não conseguem acalmar a ansiedade do homem: o prolongamento da longevidade biológica não pode satisfazer aquele desejo de uma vida ulterior, invencivelmente radicado no seu coração.

Enquanto, diante da morte, qualquer imaginação se revela impotente, a Igreja, ensinada pela revelação divina, afirma que o homem foi criado por Deus para um fim feliz, para além dos limites da miséria terrena. A fé cristã ensina, além disso, que a morte corporal, de que o homem teria sido isento se não tivesse pecado,[14] será vencida, quando o homem for restituído à salvação, que por sua culpa perdera, pelo onipotente e misericordioso Salvador. Com efeito, Deus chamou e chama o homem a unir-se a ele com todo o seu ser na perpétua comunhão da incorruptível vida divina. Esta vitória, alcançou-a Cristo ressuscitado, libertando o homem da morte com a própria morte.[15] Portanto, a fé, que se apresenta à reflexão do homem, apoiada em sólidos argumentos, dá uma resposta à sua ansiedade acerca do seu destino futuro; e ao mesmo tempo oferece a possibilidade de se comunicar, em Cristo, com os irmãos queridos que a morte já levou, fazendo esperar que eles alcançaram a verdadeira vida junto de Deus.

Formas e causas do ateísmo

19. A razão mais sublime da dignidade do homem consiste na sua vocação à união com Deus. É desde o começo da sua existência que o homem é convidado a dialogar com Deus: pois, se existe, é só porque, criado por Deus por amor, e por ele, por amor, constantemente

---

[14] Cf. Sb 1,13; 2,23-24; Rm 5,21; 6,23; Tg 1,15.
[15] Cf. 1Cor 15,56-57.

conservado; nem pode viver plenamente segundo a verdade, se não reconhecer livremente esse amor e se entregar ao seu Criador. Porém, muitos dos nossos contemporâneos não atendem a esta íntima e vital ligação a Deus, ou até a rejeitam explicitamente; de tal maneira que o ateísmo deve ser considerado entre os fatos mais graves do tempo atual e submetido a atento exame.

Com a palavra "ateísmo", designam-se fenômenos muito diversos entre si. Com efeito, enquanto alguns negam expressamente Deus, outros pensam que o homem não pode afirmar seja o que for a respeito dele; outros ainda tratam o problema de Deus de tal maneira que ele parece não ter significado. Muitos, ultrapassando indevidamente os limites das ciências positivas, ou pretendem explicar todas as coisas só com os recursos da ciência, ou, pelo contrário, já não admitem nenhuma verdade absoluta. Alguns exaltam de tal modo o homem, que a fé em Deus perde toda a força, e parecem mais inclinados a afirmar o homem do que a negar Deus. Outros concebem Deus de tal maneira, que aquilo que rejeitam não é de modo algum o Deus do Evangelho. Outros há que sequer tratam do problema de Deus: parecem alheios a qualquer inquietação religiosa e não percebem por que se devem ainda preocupar com a religião. Além disso, o ateísmo nasce, muitas vezes, de um protesto violento contra o mal que existe no mundo, ou de se ter atribuído indevidamente o caráter de absoluto a certos valores humanos que passam a ocupar o lugar de Deus. A própria civilização atual, não por si mesma, mas pelo fato de estar muito ligada com as realidades terrestres, torna muitas vezes mais difícil o acesso a Deus.

Sem dúvida, não estão imunes de culpa todos aqueles que procuram voluntariamente expulsar Deus do seu coração e evitar os problemas religiosos, não seguindo o ditame da própria consciência; mas os próprios crentes, muitas vezes, têm responsabilidade neste ponto. Com efeito, o ateísmo, considerado no seu conjunto, não é um fenômeno originário, antes decorre de várias causas, entre as quais se conta também a reação crítica contra as religiões e, nalguns países, principalmente contra a religião cristã. Pelo que, os crentes podem ter tido parte não pequena na gênese do ateísmo, à medida que, pela negligência na educação da sua fé, ou por exposições falaciosas da doutrina, ou ainda pelas deficiências da sua vida religiosa, moral e social, se pode dizer que antes esconderam do que revelaram o autêntico rosto de Deus e da religião.

O ateísmo sistemático

20. O ateísmo moderno apresenta muitas vezes uma forma sistemática, a qual, prescindindo de outros motivos, leva o desejo de autonomia do homem a tal grau que constitui um obstáculo a qualquer dependência de Deus.

---

do ateísmo", pelo qual tantos contemporâneos rejeitaram a Deus e ao seu plano de amor. Falando do ateísmo, os padres conciliares consideraram sua gênese e as razões de seu alastramento. Entre estas não se deve deixar de lado a reação pelo modo de agir de tantos crentes... O número termina por uma afirmação que merece um sério exame de consciência: "Os crentes podem ter tido parte não pequena na gênese do ateísmo, na medida em que, pela negligência na educação da sua fé, ou por exposições falaciosas da doutrina, ou ainda pelas deficiências da sua vida religiosa, moral e social, se pode dizer que antes esconderam do que revelaram o autêntico rosto de Deus e da religião". Os números 20-21 tratam do ateísmo sistemático... Não podemos nos esquecer do momento

Os que professam tal ateísmo pretendem que a liberdade consiste em ser o homem fim a si mesmo, autor único e demiurgo da sua história; e pensam que isto é incompatível com o reconhecimento de um Senhor, autor e fim de todas as coisas; ou que, pelo menos, torna tal afirmação plenamente supérflua. O sentimento de poder que os progressos técnicos hodiernos deram ao homem pode favorecer esta doutrina.

Não se deve passar em silêncio, entre as formas atuais de ateísmo, aquela que espera a libertação do homem sobretudo da sua libertação econômica e social. A esta, dizem, opõe-se por sua natureza a religião, à medida que, dando ao homem a esperança de uma enganosa vida futura, o afasta da construção da cidade terrena. Por isso, os que professam esta doutrina, quando alcançam o poder, atacam violentamente a religião, difundindo o ateísmo também por aqueles meios de pressão de que dispõe o poder público, sobretudo na educação da juventude.

Atitude da Igreja diante do ateísmo

21. A Igreja, fiel a Deus e aos homens, não pode deixar de reprovar com dor e com toda a firmeza, como já o

---

histórico em que foi escrita a *Gaudium et Spes*, a década de 1960, o auge da expansão do marxismo histórico em suas várias formas. Nos países em que assumiu o poder, o marxismo moveu uma perseguição feroz e arrasadora contra os crentes das mais diversas denominações... O Concílio pedia, então, a liberdade efetiva para os crentes a fim de que pudessem construir, também nesta terra, o Templo de Deus. Enfim, o tema da dignidade da pessoa humana se encerra com a apresentação de Cristo, a criatura nova. A abertura

fez no passado,[16] essas doutrinas e atividades perniciosas, contrárias à razão e à experiência comum dos homens, e que destronam o homem da sua inata dignidade.

Procura, no entanto, descobrir no espírito dos ateus as causas ocultas da sua negação de Deus; e, consciente da gravidade dos problemas propostos pelo ateísmo e levada pelo amor de todos os homens, entende que elas devem ser objeto de um exame sério e profundo.

A Igreja defende que o reconhecimento de Deus de modo algum se opõe à dignidade do homem, uma vez que esta dignidade se funda e se realiza no próprio Deus. Com efeito, o homem inteligente e livre foi constituído em sociedade por Deus Criador; mas é sobretudo chamado a unir-se, como filho, a Deus e a participar na sua felicidade. Ensina, além disso, a Igreja que a importância das tarefas terrenas não é diminuída pela esperança escatológica, mas que esta antes reforça com novos motivos a sua execução. Pelo contrário, se faltam o fundamento divino e a esperança da vida eterna, a dignidade humana é gravemente lesada, como tantas vezes se verifica nos nossos dias, e os enigmas da vida e da morte, do pecado e da dor, ficam sem solução, o que frequentemente leva os homens ao desespero.

Entretanto, cada homem permanece para si mesmo um problema insolúvel, apenas confusamente pressentido. Ninguém pode, na verdade, evitar inteiramente esta questão em certos momentos, e sobretudo nos acontecimentos mais importantes da vida. A este problema só

---

[16] Cf. Pio XI, Enc. Divini Redemptoris, 19 março 1937: AAS 29 (1937), p. 65-106; Pio XII, Enc. Ad Apostolorum Principis, 29 junho 1958: AAS 50 (1958), p. 601-614; João XXIII, Enc. Mater et Magistra, 15 maio 1961: AAS 53 (1961), p. 451-453; Paulo VI, Enc. Ecclesiam Suam, 6 agosto 1964: AAS 56 (1964), p. 651-653.

Deus pode responder plenamente e com toda a certeza, ele que chama o homem a uma reflexão mais profunda e a uma busca mais humilde.

Quanto ao remédio para o ateísmo, ele há de vir da conveniente exposição da doutrina e da vida íntegra da Igreja e dos seus membros. Pois a Igreja deve tornar presente e como que visível a Deus Pai e a seu Filho encarnado, renovando-se e purificando-se continuamente sob a direção do Espírito Santo.[17] Isto há de alcançar-se antes de mais com o testemunho de uma fé viva e adulta, educada de modo a poder perceber claramente e superar as dificuldades. Magnífico testemunho desta fé deram e continuam a dar inúmeros mártires. Ela deve manifestar a sua fecundidade, penetrando toda a vida dos fiéis, mesmo a profana, levando-os à justiça e ao amor, sobretudo para com os necessitados. Finalmente, o que contribui mais que tudo para manifestar a presença de Deus é a caridade fraterna dos fiéis que unanimemente colaboram para a fé do Evangelho[18] e se apresentam como sinal de unidade.

Ainda que rejeite inteiramente o ateísmo, todavia a Igreja proclama sinceramente que todos os homens, crentes e não crentes, devem contribuir para a reta construção do mundo no qual vivem em comum. O que não é possível sem um prudente e sincero diálogo. Deplora, por isso, a discriminação que certos governantes introduzem entre crentes e não crentes, com desconhecimento dos direitos fundamentais da pessoa humana. Para os crentes, reclama a liberdade efetiva, que lhes permita edificar neste mundo também o templo de Deus. Quanto aos ateus, convida-os

---

[17] Cf. Conc. Vat. II, Const. dogm. Lumen gentium, cap. I, n. 8: AAS 57 (1965), p. 12.

[18] Cf. Fl 1,27.

cortesmente a considerar com espírito aberto o Evangelho de Cristo.

Pois a Igreja sabe perfeitamente que, ao defender a dignidade da vocação do homem, restituindo a esperança àqueles que já desesperam do seu destino sublime, a sua mensagem está de acordo com os desejos mais profundos do coração humano. Longe de diminuir o homem, a sua mensagem contribui para o seu bem, difundindo luz, vida e liberdade; e, fora dela, nada pode satisfazer o coração humano: "fizeste-nos para ti", Senhor, "e o nosso coração está inquieto, enquanto não repousa em ti".[19]

Cristo, o homem novo

22. Na realidade, só no mistério do Verbo encarnado se esclarece verdadeiramente o mistério do homem.

---

[19] Santo Agostinho, Confissões, I, 1: PL 32, 661.

---

do número 22 e o seu encerramento merecem ser aprofundados. "Na realidade, só no mistério do Verbo encarnado se esclarece verdadeiramente o mistério do homem. Adão, o primeiro homem, era efetivamente figura daquele futuro, isto é, de Cristo Senhor. Cristo, novo Adão, na própria revelação do mistério do Pai e do seu amor, revela o homem a si mesmo e descobre-lhe a sua vocação sublime. Não é por isso de admirar que as verdades acima ditas tenham nele a sua fonte e nele atinjam a plenitude [...]. Tal é, e tão grande, o mistério do homem, que a revelação cristã manifesta aos que creem. E assim, por Cristo e em Cristo, esclarece-se o enigma da dor e da morte, o qual, fora do seu Evangelho, nos esmaga. Cristo ressuscitou, destruindo a morte com a própria morte, e deu-nos a vida, para que, tornados filhos no Filho, exclamemos no Espírito: Abba, Pai!".

Adão, o primeiro homem, era efetivamente figura daquele futuro,[20] isto é, de Cristo Senhor. Cristo, novo Adão, na própria revelação do mistério do Pai e do seu amor, revela o homem a si mesmo e descobre-lhe a sua vocação sublime. Não é por isso de admirar que as verdades acima ditas tenham nele a sua fonte e nele atinjam a plenitude.

"Imagem de Deus invisível" (Cl 1,15),[21] ele é o homem perfeito, que restituiu aos filhos de Adão a semelhança divina, deformada desde o primeiro pecado. Já que, nele, a natureza humana foi assumida, e não destruída,[22] por isso mesmo também em nós foi ela elevada a sublime dignidade. Porque, pela sua encarnação, ele, o Filho de Deus, uniu-se de certo modo a cada homem. Trabalhou com mãos humanas, pensou com uma inteligência humana, agiu com uma vontade humana,[23] amou com um coração humano. Nascido da Virgem Maria, tornou-se verdadeiramente um de nós, semelhante a nós em tudo, exceto no pecado.[24]

Cordeiro inocente, mereceu-nos a vida com a livre efusão do seu sangue; nele Deus nos reconciliou consigo e uns com os outros[25] e nos arrancou da escravidão do demônio e do pecado. De maneira que cada um de nós

---

[20] Cf. Rm 5,14. Cf. Tertuliano. De carnis resurr. 6: "Quodcumque limus exprimebatur, Christus cogitabatur Homo futurus": PL 2, 282; CSEL, 47, p. 33, 1. 12-13.

[21] Cf. 2Cor 4,4.

[22] Cf. Conc. Constant. II, can. 7: "Neque Deo Verbo in carnis naturam transmutato, neque carne in Verbi naturam transducta": Denz. 219 (428). Cf. também Conc. Constant. III: "Quemadmodum enim sanctissima ac immaculata animata eius caro deificata non est perempta (theôtheisa ouk anèrethe), sed in proprio sui statu et ratione permansit": Denz. 291 (556). Cf. Conc. Calc.: "in duabus naturis inconfuse, immutabiliter, indivise inseparabiliter agnos--cendum": Denz. 148 (302).

[23] Cf. Conc. Const. III: "ita et humana eius voluntas deificata non est perempta": Denz. 291 (556).

[24] Cf. Hb 4,15.

[25] Cf. 2Cor 5,18-19; Cl 1,20-22.

pode dizer com o Apóstolo: o Filho de Deus "amou-me e entregou-se por mim" (Gl 2,20). Sofrendo por nós, não só nos deu exemplo, para que sigamos os seus passos,[26] mas também abriu um novo caminho, em que a vida e a morte são santificadas e recebem um novo sentido. O cristão, tornado conforme à imagem do Filho que é o primogênito entre a multidão dos irmãos,[27] recebe "as primícias do Espírito" (Rm 8,23), que o tornam capaz de cumprir a lei nova do amor.[28] Por meio deste Espírito, "penhor da herança" (Ef 1,14), o homem todo é renovado interiormente, até a "redenção do corpo" (Rm 8,23): "Se o Espírito daquele que ressuscitou Jesus de entre os mortos habita em vós, aquele que ressuscitou Jesus de entre os mortos dará também a vida aos vossos corpos mortais, pelo seu Espírito que em vós habita" (Rm 8,11).[29] É verdade que para o cristão é uma necessidade e um dever lutar contra o mal através de muitas tribulações, e sofrer a morte; mas, associado ao mistério pascal, e configurado à morte de Cristo, vai ao encontro da ressurreição, fortalecido pela esperança.[30]

E isto vale não só dos cristãos, mas de todos os homens de boa vontade, em cujos corações a graça opera ocultamente.[31] Com efeito, já que por todos morreu Cristo[32] e que a vocação última de todos os homens é realmente uma só, a saber, a divina, devemos acreditar que o

---

[26] Cf. 1Pd 2,21; Mt 16,24; Lc 14,27.

[27] Cf. Rm 8,29; Cl 3,10-14.

[28] Cf. Rm 8,1-11.

[29] Cf. 2Cor 4,14.

[30] Cf. Fl 3,10; Rm 8,17.

[31] Cf. Conc. Vat. II, Const. dogm. Lumen gentium, cap. 2, n. 16: AAS 57 (1965), p. 20.

[32] Cf. Rm 8,32.

Espírito Santo dá a todos a possibilidade de se associarem a este mistério pascal por um modo só de Deus conhecido.

Tal é, e tão grande, o mistério do homem, que a revelação cristã manifesta aos que creem. E assim, por Cristo e em Cristo, esclarece-se o enigma da dor e da morte, o qual, fora do seu Evangelho, nos esmaga. Cristo ressuscitou, destruindo a morte com a própria morte, e deu-nos a vida,[33] para que, tornados filhos no Filho, exclamemos no Espírito: Abba, Pai![34]

---

[33] Cf. Liturgia Pascal bizantina.
[34] Cf. Rm 8,15 e Gl 4,6; cf. também Jo 1,22 e Jo 3,1-2.

Capítulo II
A comunidade humana

Intenção do Concílio

23. Entre os principais aspectos do mundo atual conta-se a multiplicação das relações entre os homens, cujo desenvolvimento é muito favorecido pelos progressos técnicos hodiernos. Todavia, o diálogo fraterno entre os homens não se realiza no nível destes progressos, mas no nível mais profundo da comunidade de pessoas, a qual exige o mútuo respeito da sua plena dignidade espiritual. A revelação cristã favorece poderosamente esta comunhão entre as pessoas, e ao mesmo tempo nos leva a uma compreensão mais profunda das leis da vida social que o Criador inscreveu na natureza espiritual e moral do homem.

Capítulo II: A comunidade humana é tratada do número 23 ao 32. Vamos frisar alguns pontos que nos parecem mais significativos. Ao começar a falar da comunidade humana, o Concílio diz estar em sintonia com documentos recém-publicados pelo magistério pontifício. Faz referência, especificamente, à *Mater et Magistra* e *Pacem in Terris*, de João XXIII, e *Ecclesiam Suam*, de Paulo VI.

Embora tenham se multiplicado as relações entre pessoas e povos graças ao aumento e perfeição de instrumentos a isto destinados, o número 23 afirma que o diálogo fraterno entre os

Dado, porém, que recentes documentos do magistério eclesiástico expuseram a doutrina cristã acerca da sociedade humana,[1] o Concílio limita-se a recordar algumas verdades mais importantes e a expor o seu fundamento à luz da revelação. Insiste, seguidamente, em algumas consequências de maior importância para o nosso tempo.

Índole comunitária da vocação humana no plano de Deus

24. Deus, que por todos cuida com solicitude paternal, quis que os homens formassem uma só família, e se tratassem uns aos outros como irmãos. Com efeito, todos, criados à imagem e semelhança daquele Deus que "de um só fez toda a raça humana, para habitar sobre toda a face da terra" (At 17,26), são chamados a um só e mesmo fim, que é o próprio Deus.

E, por isso, o amor de Deus e do próximo é o primeiro e maior de todos os mandamentos. Mas a Sagrada Escritura ensina-nos que o amor de Deus não se pode separar do amor do próximo: "Todos os outros mandamentos se resumem nesta sentença: amarás o teu próximo como a ti mesmo [...]. A caridade é, pois, a lei na sua plenitude"

---

[1] Cf. João XXIII, Enc. Mater et Magistra, 15 maio 1961: AAS 53 (1961) p. 401-464; Enc. Pacem in terris, 11 abril 1963: AAS 55 (1963), p. 257-304; Paulo VI, Enc. Ecclesiam Suam, 6 agosto 1964: AAS 54 (1964), p. 609-659.

---

seres humanos se dá no nível mais profundo da comunidade de pessoas. Esse nível exige o mútuo respeito da plena dignidade espiritual de cada ser humano. Exige, em primeiro lugar, que se respeite a índole comunitária dos seres humanos, criados por Deus para formarem uma só família e se tratarem como irmãs e irmãos. A relação profunda das pessoas cria as sociedades (24) e

(Rm 13,9-10; cf. 1Jo 4,20). Isto revela-se como da maior importância, hoje que os homens se tornam cada dia mais dependentes uns dos outros e o mundo se unifiça cada vez mais.

Mais ainda: quando o Senhor Jesus pede ao Pai "que todos sejam um [...], como nós somos um" (Jo 17,21-22), sugere, abrindo perspectivas inacessíveis à razão humana, que há certa analogia entre a união das pessoas divinas entre si e a união dos filhos de Deus na verdade e na caridade. Esta semelhança torna manifesto que o homem, única criatura sobre a terra a ser querida por Deus por si mesma, não se pode encontrar plenamente a não ser no sincero dom de si mesmo.[2]

Interdependência entre a pessoa e a sociedade humana

25. A natureza social do homem torna claro que o aperfeiçoamento da pessoa humana e o desenvolvimento da própria sociedade estão em mútua dependência. Com efeito, a pessoa humana, uma vez que, por sua natureza, necessita absolutamente da vida social, é e deve ser o princípio, o sujeito e o fim de todas as instituições sociais.[3] Não sendo, portanto, a vida social algo de acrescentado ao homem, este cresce segundo todas as suas qualidades e torna-se capaz de responder à própria vocação, graças ao contato com os demais, o mútuo serviço e o diálogo com seus irmãos.

---

[2] Cf. Lc 17,33.
[3] Cf. Santo Tomás, I Ethic. lect. 1.

---

sua interdependência (25). A pessoa cresce quanto mais se insere em comunidades que a sustentam, vindo em primeiro plano a família. A comunidade humana, contudo, só se desenvolve quando

Entre os laços sociais, necessários para o desenvolvimento do homem, alguns, como a família e a sociedade política, correspondem mais imediatamente à sua natureza íntima; outros são antes fruto da sua livre vontade. No nosso tempo, devido a várias causas, as relações e interdependências mútuas multiplicam-se cada vez mais; o que dá origem a diversas associações e instituições, quer públicas quer privadas. Este fato, denominado socialização, embora não esteja isento de perigos, traz todavia consigo muitas vantagens, em ordem a confirmar e desenvolver as qualidades da pessoa humana e a proteger os seus direitos.[4]

Porém, se é verdade que as pessoas humanas recebem muito desta vida social, em ordem a realizar a própria vocação, mesmo a religiosa, também não se pode negar que os homens são muitas vezes afastados do bem ou impelidos ao mal pelas condições em que vivem e estão mergulhados desde a infância. É certo que as tão frequentes perturbações da ordem social vêm, em grande parte, das tensões que se originam das formas econômicas, políticas e sociais. Porém, mais profundamente, nascem do egoísmo e do orgulho dos homens, os quais também pervertem o ambiente social. Onde a ordem das coisas se encontra viciada pelas consequências do pecado, o homem, nascido com uma inclinação para o mal, encontra novos incitamentos para o pecado, que não pode superar sem grandes esforços e ajudado pela graça.

Para promover o bem comum

26. A interdependência, cada vez mais estreita e progressivamente estendida a todo o mundo, faz com que o bem comum — ou seja, o conjunto das condições da vida

---

[4]   Cf. João XXIII, Enc. Mater et Magistra: AAS 53 (1961), p. 418. Cf. também Pio XI, Enc. Quadragesimo anno: AAS 23 (1931), p. 222.

social que permitem, tanto aos grupos como a cada membro, alcançar mais plena e facilmente a própria perfeição — se torne hoje cada vez mais universal e que, por esse motivo, implique direitos e deveres que dizem respeito a todo o gênero humano. Cada grupo deve ter em conta as necessidades e legítimas aspirações dos outros grupos e mesmo o bem comum de toda a família humana.[5]

Simultaneamente, aumenta a consciência da eminente dignidade da pessoa humana, por ser superior a todas as coisas e os seus direitos e deveres serem universais e invioláveis. É necessário, portanto, tornar acessíveis ao homem todas as coisas de que necessita para levar uma vida verdadeiramente humana: alimentos, vestuário, casa, direito de escolher livremente o estado de vida e de constituir família, direito à educação, ao trabalho, à boa fama, ao respeito, à conveniente informação, direito de agir segundo as normas da própria consciência, direito à proteção da sua vida e à justa liberdade mesmo em matéria religiosa.

A ordem social e o seu progresso devem, pois, reverter sempre em bem das pessoas, já que a ordem das

---

[5]   Cf. João XXIII, Enc. Mater et Magistra: AAS 53 (1961), p. 417.

---

respeita as exigências do bem comum (26). Aqui o Concílio cita, assumindo-os, os direitos invioláveis do ser humano. "É necessário, portanto, tornar acessíveis ao homem todas as coisas de que necessita para levar uma vida verdadeiramente humana: alimentos, vestuário, casa, direito de escolher livremente o estado de vida e de constituir família, direito à educação, ao trabalho, à boa fama, ao respeito, à conveniente informação, direito de agir segundo as normas da própria consciência, direito à proteção da sua vida e à justa liberdade mesmo em matéria religiosa."

coisas deve estar subordinada à ordem das pessoas e não ao contrário; foi o que o próprio Senhor insinuou ao dizer que o sábado fora feito para o homem e não o homem para o sábado.[6] Essa ordem, fundada na verdade, construída sobre a justiça e vivificada pelo amor, deve ser cada vez mais desenvolvida e, na liberdade, deve encontrar um equilíbrio cada vez mais humano.[7] Para o conseguir, será necessária a renovação da mentalidade e a introdução de amplas reformas sociais.

O Espírito de Deus, que dirige o curso dos tempos e renova a face da terra com admirável providência, está presente a esta evolução. E o fermento evangélico despertou e desperta no coração humano uma irreprimível exigência de dignidade.

Respeito para com a pessoa humana

27. Vindo a conclusões práticas e mais urgentes, o Concílio recomenda o respeito para com o homem, de

---

[6] Cf. Mc 2,27.

[7] Cf. João XXIII, Enc. Pacem in terris: AAS 55 (1963), p. 266.

Esses direitos só serão mantidos com uma profunda mudança de mentalidade e a introdução de amplas reformas sociais. O respeito à pessoa humana, o número 27, merece ser lido pela atualidade que conserva. Diz textualmente o Concílio: "Sobretudo em nossos dias, urge a obrigação de nos tornarmos o próximo de todo e qualquer homem, e de o servir efetivamente quando vem ao nosso encontro, quer seja o ancião, abandonado de todos, ou o operário estrangeiro injustamente desprezado, ou exilado, ou a criança ilegítima que sofre injustamente por causa de um pecado que não cometeu, ou o indigente que interpela a nossa

maneira que cada um deve considerar o próximo, sem exceção, como "outro eu", tendo em conta, antes de mais, a sua vida e os meios necessários para a levar dignamente,[8] não imitando aquele homem rico que não fez caso algum do pobre Lázaro.[9]

Sobretudo em nossos dias, urge a obrigação de nos tornarmos o próximo de todo e qualquer homem, e de o servir efetivamente quando vem ao nosso encontro, quer seja o ancião, abandonado de todos, ou o operário estrangeiro injustamente desprezado, ou exilado, ou a criança ilegítima que sofre injustamente por causa de um pecado que não cometeu, ou o indigente que interpela a nossa consciência, recordando a palavra do Senhor: "Cada vez

---

[8] Cf. Tg 2,15-16.
[9] Cf. Lc 16,18-31.

---

consciência, recordando a palavra do Senhor: 'Cada vez que o fizestes a um desses meus irmãos mais pequeninos, a mim o fizestes" (Mt 25,40). Além disso, são infames as seguintes coisas: tudo quanto se opõe à vida, como seja toda a espécie de homicídio, genocídio, aborto, eutanásia e suicídio voluntário; tudo o que viola a integridade da pessoa humana, como as mutilações, os tormentos corporais e mentais e as tentativas para violentar as próprias consciências; tudo quanto ofende a dignidade da pessoa humana, como as condições de vida infra-humanas, as prisões arbitrárias, as deportações, a escravidão, a prostituição, o comércio de mulheres e jovens; e também as condições degradantes de trabalho, em que os operários são tratados como meros instrumentos de lucro e não como pessoas livres e responsáveis. Todas estas coisas e outras semelhantes, ao mesmo tempo em que corrompem a civilização humana, desonram mais aqueles que assim procedem, do que os que padecem injustamente; e ofendem

que o fizestes a um desses meus irmãos mais pequeninos,
a mim o fizestes" (Mt 25,40).

Além disso, são infames as seguintes coisas: tudo
quanto se opõe à vida, como seja toda a espécie de homicídio, genocídio, aborto, eutanásia e suicídio voluntário;
tudo o que viola a integridade da pessoa humana, como
as mutilações, os tormentos corporais e mentais e as tentativas para violentar as próprias consciências; tudo quanto
ofende a dignidade da pessoa humana, como as condições
de vida infra-humanas, as prisões arbitrárias, as deportações, a escravidão, a prostituição, o comércio de mulheres
e jovens; e também as condições degradantes de trabalho,
em que os operários são tratados como meros instrumentos
de lucro e não como pessoas livres e responsáveis. Todas
estas coisas e outras semelhantes, ao mesmo tempo em que
corrompem a civilização humana, desonram mais aqueles
que assim procedem, do que os que padecem injustamente; e ofendem gravemente a honra devida ao Criador.

Respeito e amor para com os adversários

28. O nosso respeito e amor devem estender-se também àqueles que pensam ou atuam diferentemente de nós
em matéria social, política ou até religiosa. Aliás, quanto
mais intimamente compreendermos, com delicadeza e caridade, a sua maneira de ver, tanto mais facilmente pode-
remos dialogar com eles.

---

gravemente a honra devida ao Criador". A comunidade humana é
ainda fundada no repeito e no amor aos adversários, sem sermos
condescendentes com os seus erros (28). A compreensão, a delicadeza e o perdão são as condições essenciais para um diálogo
frutuoso para quem pensa e age diferentemente de nós.

Evidentemente, este amor e benevolência de modo algum nos devem tornar indiferentes perante a verdade e o bem. Pelo contrário, é o próprio amor que incita os discípulos de Cristo a anunciar a todos a verdade salvadora. Mas deve distinguir-se entre o erro, sempre de rejeitar, e aquele que erra, o qual conserva sempre a dignidade própria de pessoa, mesmo quando está maculado por ideias religiosas falsas ou menos exatas.[10] Só Deus é juiz e penetra os corações; por esse motivo, proíbe-nos ele de julgar da culpabilidade interior de qualquer pessoa.[11]

A doutrina de Cristo exige que também perdoemos as injúrias,[12] e estende a todos os inimigos o preceito do amor, que é o mandamento da Lei Nova: "Ouvistes que foi dito: amarás o teu próximo, e odiarás o teu inimigo. Eu, porém, vos digo: amai os vossos inimigos, e orai pelos que vos perseguem" (Mt 5,43-44).

A igualdade fundamental entre todos os homens e a justiça social

29. A igualdade fundamental entre todos os homens deve ser cada vez mais reconhecida, uma vez que, dotados de alma racional e criados à imagem de Deus, todos

---

[10] Cf. João XXIII, Enc. Pacem in terris: AAS 55 (1963), p. 299 e 300.
[11] Cf. Lc 6,37-38; Mt 7,1-2; Rm 2,1-11; 14,10-12.
[12] Cf. Mt 5,43-47.

O número 29 fala da igualdade criacional de todos os seres humanos. As pessoas, com efeito, não são todas iguais quanto à capacidade física e forças intelectuais e morais, variadas e diferentes em cada um. Deve-se, contudo, superar e eliminar, como contrária à vontade de Deus, qualquer forma social ou cultural de

têm a mesma natureza e origem; e, remidos por Cristo, todos têm a mesma vocação e destino divinos.

Sem dúvida, os homens não são todos iguais quanto à capacidade física e forças intelectuais e morais, variadas e diferentes em cada um. Mas deve superar-se e eliminar-se, como contrária à vontade de Deus, qualquer forma social ou cultural de discriminação, quanto aos direitos fundamentais da pessoa, por razão do sexo, raça, cor, condição social, língua ou religião. É realmente de lamentar que esses direitos fundamentais da pessoa ainda não sejam respeitados em toda parte. Por exemplo, quando se nega à mulher o poder escolher livremente o esposo ou o estado de vida ou conseguir uma educação e cultura semelhantes às do homem.

Além disso, embora entre os homens haja justas diferenças, a igual dignidade pessoal postula, no entanto, que se chegue a condições de vida mais humanas e justas. Com efeito, as excessivas desigualdades econômicas e sociais entre os membros e povos da única família humana provocam o escândalo e são obstáculo à justiça social, à equidade, à dignidade da pessoa humana e, finalmente, à paz social e internacional.

Procurem as instituições humanas, privadas ou públicas, servir à dignidade e ao fim do homem, combatendo ao mesmo tempo ativamente contra qualquer forma de sujeição política ou social e salvaguardando, sob qualquer regime político, os direitos humanos fundamentais. Mais

---

discriminação, quanto aos direitos fundamentais da pessoa, por razão do sexo, raça, cor, condição social, língua ou religião. As profundas desigualdades entre as pessoas, iguais por criação divina, são causas de desiquilíbrios e ameaçam a convivência humana e a paz internacional.

ainda, é necessário que tais instituições se adaptem progressivamente às realidades espirituais, que são as mais elevadas de todas; embora por vezes se requeira um tempo razoavelmente longo para chegar a esse desejado fim.

É preciso superar a ética individualística

30. A profundidade e rapidez das transformações reclamam com maior urgência que ninguém se contente, por não atender à evolução das coisas ou por inércia, com uma ética puramente individualística. O dever de justiça e amor cumpre-se cada vez mais com a contribuição de cada um em favor do bem comum, segundo as próprias possibilidades e as necessidades dos outros, promovendo instituições públicas ou privadas e ajudando as que servem para melhorar as condições de vida dos homens. Há pessoas que, fazendo profissão de ideias amplas e generosas, no entanto, vivem sempre como se nenhum caso fizessem das necessidades sociais. E até, em vários países, muitos desprezam as leis e prescrições sociais. Não poucos se atrevem a eximir-se, com várias fraudes e enganos, aos impostos e outras obrigações sociais. Outros desprezam certas normas da vida social, como por exemplo as estabelecidas para defender a saúde ou para regularizar o trânsito de veículos, sem repararem que esse seu descuido põe em perigo a vida própria e alheia.

Superar a ética individualista é exigência para a justa convivência humana e social (30). O desprezo pelas leis sociais torna-se uma ofensa ao próximo e a Deus. Num tom firme e incisivo o Concílio declara: "quanto mais o mundo se unifica, tanto mais as obrigações dos homens transcendem os grupos particulares e se estendem progressivamente a todo o mundo".

Seja sagrado para todos incluir entre os principais deveres do homem de hoje a observância das relações sociais. Com efeito, quanto mais o mundo se unifica, tanto mais as obrigações dos homens transcendem os grupos particulares e se estendem progressivamente a todo o mundo. O que só se poderá fazer se os indivíduos e grupos cultivarem em si mesmos e difundirem na sociedade as virtudes morais e sociais, de maneira a tornarem-se realmente, com o necessário auxílio da graça divina, homens novos e construtores de uma humanidade nova.

Responsabilidade e participação

31. Para que cada homem possa cumprir mais perfeitamente os seus deveres de consciência quer para consigo quer em relação aos vários grupos de que é membro, deve-se ter o cuidado de que todos recebam uma formação mais ampla, empregando-se para tal os

---

A responsabilidade e a participação social são um aprendizado de toda a vida. Contudo, mister se faz educar os jovens, de qualquer origem social, para que se formem homens e mulheres não apenas cultos mas também de forte personalidade, tão urgentemente exigidos pelo nosso tempo (31). Chega-se à responsabilidade e à participação social, evitando-se os extremos da miséria e da opulência paralisante. Afirma o Concílio: "a liberdade humana com frequência se debilita quando o homem cai em extrema indigência, e degrada-se quando ele, cedendo às demasiadas facilidades da vida, se fecha numa espécie de solidão dourada. Pelo contrário, ela robustece-se quando o homem aceita as inevitáveis dificuldades da vida social, assume as multiformes exigências da vida em comum e se empenha no serviço da comunidade humana".

consideráveis meios de que hoje dispõe a humanidade. Antes de mais, a educação dos jovens, de qualquer origem social, deve ser de tal maneira organizada que suscite homens e mulheres não apenas cultos mas também de forte personalidade, tão urgentemente requeridos pelo nosso tempo.

Contudo, o homem dificilmente poderá chegar a este sentido de responsabilidade, se as condições de vida não lhe permitirem tornar-se consciente da própria dignidade e responder à sua vocação, empenhando-se no serviço de Deus e dos outros homens. Ora a liberdade humana com frequência se debilita quando o homem cai em extrema indigência, e degrada-se quando ele, cedendo às demasiadas facilidades da vida, se fecha numa espécie de solidão dourada. Pelo contrário, ela robustece-se quando o homem aceita as inevitáveis dificuldades da vida social, assume as multiformes exigências da vida em comum e se empenha no serviço da comunidade humana.

Deve, por isso, estimular-se em todos a vontade de tomar parte nos empreendimentos comuns. E é de louvar o modo de agir das nações em que a maior parte dos cidadãos participa, com verdadeira liberdade, nos assuntos públicos. É preciso, porém, ter sempre em conta a situação real de cada povo e o necessário vigor da autoridade pública. Mas para que todos os cidadãos se sintam inclinados a participar na vida dos vários grupos que formam o corpo social, é necessário que encontrem nesses grupos bens que os atraiam e os predisponham ao serviço dos outros. Podemos legitimamente pensar que o destino futuro da humanidade está nas mãos daqueles que souberem dar às gerações vindouras razões de viver e de esperar.

O Verbo encarnado e a solidariedade humana

32. Do mesmo modo que Deus não criou os homens para viverem isolados, mas para se unirem em sociedade, assim também lhe "aprouve [...] santificar e salvar os homens, não individualmente e com exclusão de qualquer ligação mútua, mas fazendo deles um povo que o reconhecesse em verdade e o servisse santamente".[13] Desde o começo da história da salvação, ele próprio escolheu os homens, não só como indivíduos mas como membros de determinada comunidade. Com efeito, manifestando o seu desígnio, chamou a esses escolhidos o "seu povo" (Ex 3,7-12), e com ele estabeleceu aliança no Sinai.[14]

Esta índole comunitária aperfeiçoa-se e completa-se com a obra de Jesus Cristo. Pois o próprio Verbo encarnado quis participar da vida social dos homens. Tomou parte nas bodas de Caná, entrou na casa de Zaqueu, comeu com

---

[13] Cf. Conc. Vat. II, Const. dogm. Lumen gentium, cap. II, n. 9: AAS 57 (1965), p. 12-13.

[14] Cf. Ex 24,1-8.

Há uma relação entre o Verbo Encarnado e a solidariedade humana. Cristo, com efeito, é apresentado como modelo da vida social com suas exigências de solidariedade (32), Por sua encarnação, escolheu viver como uma pessoa inteiramente inserida numa dinâmica social. Aos seus discípulos deixou um mandamento de amor e de serviço, legando à humanidade o preceito de se tornar a família das filhas e filhos de Deus. A solidariedade que Cristo estabeleceu com sua morte e ressurreição deve crescer mediante a obra da Igreja, "até se consumar naquele dia em que os homens, salvos pela graça, darão perfeita glória a Deus, como família amada do Senhor e de Cristo seu irmão".

os publicanos e pecadores. Revelou o amor do Pai e a sublime vocação dos homens, evocando realidades sociais comuns e servindo-se de modos de falar e de imagens da vida de todos os dias. Santificou os laços sociais e antes de mais os familiares, fonte da vida social; e submeteu-se livremente às leis do seu país. Quis levar a vida própria dos operários do seu tempo e da sua terra.

Na sua pregação expressamente mandou aos filhos de Deus que se tratassem como irmãos. E na sua oração pediu que todos os seus discípulos fossem "um". Ele próprio se ofereceu à morte por todos, de todos feito Redentor. "Ninguém tem maior amor do que aquele que dá a vida por seus amigos" (Jo 15,13). E mandou aos apóstolos pregar a todos os povos a mensagem evangélica para que o gênero humano se tornasse a família de Deus, na qual o amor fosse toda a lei.

Primogênito entre muitos irmãos, estabeleceu, depois da sua morte e ressurreição, com o dom do seu Espírito, uma nova comunhão fraterna entre todos os que o recebem com fé e caridade, a saber: na Igreja, que é o seu corpo, no qual todos, membros uns dos outros, se prestam mutuamente serviço segundo os diversos dons a cada um concedidos.

Esta solidariedade deve crescer sem cessar, até se consumar naquele dia em que os homens, salvados pela graça, darão perfeita glória a Deus, como família amada do Senhor e de Cristo seu irmão.

Capítulo III
A atividade humana no mundo

O problema

33. Sempre o homem procurou, com o seu trabalho e engenho, desenvolver mais a própria vida; hoje, porém, sobretudo graças à ciência e à técnica, estendeu o seu domínio à natureza quase inteira, e continuamente o aumenta; e a família humana, sobretudo devido ao aumento de múltiplos meios de comunicação entre as nações, vai-se descobrindo e organizando progressivamente como uma só comunidade espalhada pelo mundo inteiro. Acontece assim que muitos bens que o homem noutro tempo esperava sobretudo das forças superiores, os alcance hoje por seus próprios meios.

Muitas são as questões que se levantam entre os homens, perante este imenso empreendimento, que já atingiu o inteiro gênero humano. Qual o sentido e valor desta

---

Capítulo III: A atividade humana no mundo é apresentada nos números de 33 a 39. O ponto de partida é a constatação do progresso humano, o aumento das possibilidades de vida que ele acarreta e as interrogações que frequentemente suscita (33). A Igreja conhece tais perguntas e, embora não possua respostas para todas, quer "juntar a luz da revelação à competência de todos os homens, para que assim receba luz o caminho recentemente empreendido pela humanidade".

atividade? Como se devem usar todos estes bens? Para que fim tendem os esforços dos indivíduos e das sociedades? A Igreja, guarda do depósito da Palavra divina, onde se vão buscar os princípios da ordem religiosa e moral, embora nem sempre tenha uma resposta já pronta para cada uma destas perguntas, deseja, no entanto, juntar a luz da revelação à competência de todos os homens, para que assim receba luz o caminho recentemente empreendido pela humanidade.

Valor da atividade humana

34. Uma coisa é certa para os crentes: a atividade humana individual e coletiva, aquele imenso esforço com que os homens, no decurso dos séculos, tentam melhorar as condições de vida, considerado em si mesmo, corresponde à vontade de Deus. Pois o homem, criado à imagem de Deus, recebeu o mandamento de dominar a terra com tudo o que ela contém e governar o mundo na justiça e na santidade[1] e, reconhecendo Deus como Criador universal, orientar-se a si e ao universo para ele; de maneira que, estando todas as coisas sujeitas ao homem, seja glorificado em toda a terra o nome de Deus.[2]

---

[1] Cf. Gn 1,26-27; 9,3; Sb 9,2-3.

[2] Cf. Sl 8,7 e 10.

A atividade humana, qualquer que ela seja, tem um valor profundo dado pelo próprio Criador (34). Tal ação, "individual e coletiva, aquele imenso esforço com que os homens, no decurso dos séculos, tentam melhorar as condições de vida, considerado em si mesmo, corresponde à vontade de Deus". Quanto mais aumenta o poder das pessoas, mais cresce sua responsabilidade individual e coletiva.

Isto aplica-se também às atividades de todos os dias. Assim, os homens e as mulheres que ao ganhar o sustento para si e suas famílias, de tal modo exercem a própria atividade que prestam conveniente serviço à sociedade, com razão podem considerar que prolongam com o seu trabalho a obra do Criador, ajudam os seus irmãos e dão uma contribuição pessoal para a realização dos desígnios de Deus na história.[3]

Longe de pensar que as obras do engenho e poder humano se opõem ao poder de Deus, ou de considerar a criatura racional como rival do Criador, os cristãos devem, pelo contrário, estar convencidos de que as vitórias do gênero humano manifestam a grandeza de Deus e são fruto do seu desígnio inefável. Mas, quanto mais aumenta o poder dos homens, tanto mais cresce a sua responsabilidade, pessoal e comunitária. Vê-se, portanto, que a mensagem cristã não afasta os homens da tarefa de construir o mundo, nem os leva a desatender o bem dos seus semelhantes, mas que, antes, os obriga ainda mais a realizar essas atividades.[4]

Ordem da atividade humana

35. A atividade humana, do mesmo modo que procede do homem, assim para ele se ordena. De fato, quando age,

---

[3]   Cf. João XXIII, Enc. Pacem in terris: AAS 55 (1963), p. 297.

[4]   Cf. Mensagem enviada à humanidade pelos Padres conciliares no início do Concílio Vaticano II, outubro, 1962: AAS 54 (1962), p. 823.

O ser humano, por sua atividade, pode atingir um progresso tanto material, quanto espiritual. Contudo, não se pode esquecer de que o homem vale mais pelo que é do que pelo que tem (35). É preciso frisar que há uma norma para a atividade humana.

o homem não transforma apenas as coisas e a sociedade, mas realiza-se a si mesmo. Aprende muitas coisas, desenvolve as próprias faculdades, sai de si e eleva-se sobre si mesmo. Este desenvolvimento, bem compreendido, vale mais do que os bens externos que se possam conseguir. O homem vale mais por aquilo que é do que por aquilo que possui.[5] De igual modo, tudo o que os homens fazem para conseguir maior justiça, mais fraternidade, uma organização mais humana das relações sociais, vale mais do que os progressos técnicos. Pois tais progressos podem proporcionar a base material para a promoção humana, mas, por si sós, são incapazes de a realizarem.

A norma da atividade humana é, pois, a seguinte: segundo o plano e vontade de Deus, ser conforme com o verdadeiro bem da humanidade e tornar possível ao homem, individualmente considerado ou em sociedade, cultivar e realizar a sua vocação integral.

Autonomia legítima das realidades terrenas

36. No entanto, muitos dos nossos contemporâneos parecem temer que a íntima ligação entre a atividade

---

[5] Cf. Paulo VI, Alocução ao Corpo diplomático, 7 janeiro 1965: AAS 57 (1965), p. 232.

Segundo o plano e vontade de Deus, é conforme com o verdadeiro bem da humanidade que o ser humano, individualmente considerado ou em sociedade, cultive e realize, antes e acima de tudo, a sua vocação integral.

A atividade humana, qualquer que ela seja, jamais se opõe à revelação de Deus. Ciência e fé não se excluem. Quando tal acontece, uma exorbita sua autonomia sobre a outra (36). "Por esta

humana e a religião constitua um obstáculo para a autonomia dos homens, das sociedades ou das ciências.

Se por autonomia das realidades terrenas se entende que as coisas criadas e as próprias sociedades têm leis e valores próprios, que o homem irá gradualmente descobrindo, utilizando e organizando, é perfeitamente legítimo exigir tal autonomia. Para além de ser uma exigência dos homens do nosso tempo, trata-se de algo inteiramente de acordo com a vontade do Criador. Pois, em virtude do próprio fato da criação, todas as coisas possuem consistência, verdade, bondade e leis próprias, que o homem deve respeitar, reconhecendo os métodos peculiares de cada ciência e arte. Por esta razão, a investigação metódica em todos os campos do saber, quando levada a cabo de um modo verdadeiramente científico e segundo as normas morais, nunca será realmente oposta à fé, já que as realidades profanas e as da fé têm origem no mesmo Deus.[6] Antes, quem se esforça com humildade e constância por perscrutar os segredos da natureza é, mesmo quando disso não tem consciência, como que conduzido pela mão de Deus, o qual sustenta todas as coisas e as faz ser o que são. Seja permitido, por isso, deplorar certas atitudes de espírito que não faltaram entre os mesmos cristãos, por

---

[6] Cf. Conc. Vat. I, Const. dogm. De fide cath., cap. III: Denz. 1785-1786 (3004-3005).

---

razão, a investigação metódica em todos os campos do saber, quando levada a cabo de um modo verdadeiramente científico e segundo as normas morais, nunca será realmente oposta à fé, já que as realidades profanas e as da fé têm origem no mesmo Deus". Os crentes de todas as religiões sempre souberam reconhecer esta verdade.

não reconhecerem suficientemente a legítima autonomia da ciência e que, pelas disputas e controvérsias a que deram origem, levaram muitos espíritos a pensar que a fé e a ciência eram incompatíveis.[7]

Se, porém, com as palavras "autonomia das realidades temporais" se entende que as criaturas não dependem de Deus e que o homem pode usar delas sem as ordenar ao Criador, ninguém que acredite em Deus deixa de ver a falsidade de tais assertos. Pois, sem o Criador, a criatura não subsiste. Ademais, todos os crentes, de qualquer religião, sempre souberam ouvir a sua voz e manifestação na linguagem das criaturas. Antes, se se esquece Deus, a própria criatura se obscurece.

A atividade humana corrompida pelo pecado

37. A Sagrada Escritura, confirmada pela experiência dos séculos, ensina à família humana que o progresso, tão grande bem para o homem, traz consigo também uma grande tentação: com efeito, perturbada a ordem de valores e misturado o bem com o mal, homens e grupos

---

[7] Cf. Mons. Pio Paschini, Vita e opere di Galileo Galilei, ed. Vat., 1964.

Contudo, o progresso humano, conseguido por sua atividade, foi viciado pelo pecado (37). Alto e bom tom, "a Igreja de Cristo, confiando no desígnio do Criador, ao mesmo tempo em que reconhece que o progresso humano pode servir para a verdadeira felicidade dos homens, não pode deixar de repetir aquela palavra do Apóstolo: 'Não vos conformeis com este mundo' (Rm 12,2), isto é, com aquele espírito de vaidade e malícia que transforma a atividade humana, destinada ao serviço de Deus e do homem, em instrumento de pecado".

consideram apenas o que é seu, esquecendo o dos outros. Deixa assim o mundo de ser um lugar de verdadeira fraternidade, enquanto o acrescido poderio dos homens ameaça já destruir o próprio gênero humano.

Um duro combate contra os poderes das trevas atravessa, com efeito, toda a história humana; começou no princípio do mundo e, segundo a palavra do Senhor,[8] durará até o último dia. Inserido nesta luta, o homem deve combater constantemente, se quer ser fiel ao bem; e só com grandes esforços e a ajuda da graça de Deus conseguirá realizar a sua própria unidade.

Por isso, a Igreja de Cristo, confiando no desígnio do Criador, ao mesmo tempo em que reconhece que o progresso humano pode servir para a verdadeira felicidade dos homens, não pode deixar de repetir aquela palavra do Apóstolo: "Não vos conformeis com este mundo" (Rm 12,2), isto é, com aquele espírito de vaidade e malícia que transforma a atividade humana, destinada ao serviço de Deus e do homem, em instrumento de pecado.

E, se alguém quer saber de que maneira se pode superar esta situação miserável, os cristãos afirmam que todas as atividades humanas, constantemente ameaçadas pela soberba e amor próprio desordenado, devem ser purificadas e levadas à perfeição pela cruz e ressurreição de Cristo. Porque, remido por Cristo e tornado nova criatura no Espírito Santo, o homem pode e deve amar também as coisas criadas por Deus. Pois recebeu-as de Deus e considera-as e respeita-as como vindas da mão do Senhor. Dando por elas graças ao Benfeitor e usando e aproveitando as criaturas, em pobreza e liberdade de espírito, é introduzido no

---

[8] Cf. Mt 24,13; 13,24-30 e 36-43.

verdadeiro senhorio do mundo, como quem nada tem e tudo possui.[9] "Todas as coisas são vossas; mas vós sois de Cristo e Cristo é de Deus" (1Cor 3,22-23).

A atividade humana, elevada à perfeição no mistério pascal

38. O Verbo de Deus, pelo qual todas as coisas foram feitas, fazendo-se homem e vivendo na terra dos homens,[10] entrou como homem perfeito na história do mundo, assumindo-a e recapitulando-a.[11] Ele revela-nos que "Deus é amor" (1Jo 4,8) e ensina-nos ao mesmo tempo que a lei fundamental da perfeição humana e, portanto, da transformação do mundo, é o novo mandamento do amor. Dá, assim, aos que acreditam no amor de Deus, a certeza de que o caminho do amor está aberto para todos e que o esforço por estabelecer a fraternidade universal não é vão. Adverte, ao mesmo tempo, que este amor não se deve exercitar apenas nas coisas grandes, mas, antes de mais, nas circunstâncias ordinárias da vida. Suportando a morte por todos nós pecadores,[12] ensina-nos com o seu exemplo

---

[9] Cf. 2Cor 6,10.
[10] Cf. Jo 1,3 e 14.
[11] Cf. Ef 1,10.
[12] Cf. Jo 3,14-16; Rm 5,8-10.

A atividade humana é aperfeiçoada na Encarnação e no Mistério Pascal (38). A vida terrena de Jesus, agora transfigurado por sua ressurreição e entronização como Senhor do mundo e da história, ensina que o amor é a razão da transformação de todas as atividades realizadas. Por sua cruz redentora, Jesus ensina que devemos levar nossa cruz na busca da justiça e da paz. Na Eucaristia, sacramento que transforma a matéria em seu corpo e sangue redentores, Jesus deixa a esperança e o viático para nossa caminhada.

que também devemos levar a cruz que a carne e o mundo fazem pesar sobre os ombros daqueles que seguem a paz e a justiça. Constituído Senhor pela sua ressurreição, Cristo, a quem foi dado o poder no céu e sobre a terra,[13] atua ainda agora, pela força do Espírito Santo, nos corações dos homens; não suscita neles apenas o desejo da vida futura, mas, por isso mesmo, anima, purifica e fortalece também aquelas generosas aspirações que levam a humanidade a tentar tornar a vida mais humana e a submeter para esse fim toda a terra. Sem dúvida, os dons do Espírito são diversos: enquanto chama alguns a darem claro testemunho do desejo da pátria celeste e a conservarem-no vivo no seio da família humana, chama outros a dedicarem-se ao serviço terreno dos homens, preparando com esta sua atividade como que a matéria do reino dos céus. Liberta, porém, a todos, para que, deixando o amor próprio e empregando em favor da vida humana todas as energias terrenas, se lancem para o futuro, em que a humanidade se tornará oblação agradável a Deus.[14]

O penhor desta esperança e o viático para este caminho deixou-os o Senhor aos seus naquele sacramento da fé, em que os elementos naturais, cultivados pelo homem, se convertem no Corpo e no Sangue gloriosos, na ceia da comunhão fraterna e na prelibação do banquete celeste.

Terra nova e céu novo

39. Ignoramos o tempo em que a terra e a humanidade atingirão a sua restauração,[15] e também não sabemos que transformação sofrerá o universo. Porque a figura deste

---

[13] Cf. At 2,36; Mt 28,18.
[14] Cf. Rm 15,16.
[15] Cf. At 1,7.

mundo, deformada pelo pecado, passa certamente,[16] mas Deus ensina-nos que prepara uma nova habitação e uma nova terra, na qual reina a justiça[17] e cuja felicidade satisfará e superará todos os desejos de paz que surgem no coração dos homens.[18] Então, vencida a morte, os filhos de Deus ressuscitarão em Cristo e aquilo que foi semeado na fraqueza e corrupção revestir-se-á de incorruptibilidade;[19] permanecendo a caridade e as suas obras,[20] toda criatura que Deus criou para o homem será libertada da escravidão da vaidade.[21]

É-nos lembrado que de nada serve ao homem ganhar o mundo inteiro, se ele se perder a si mesmo.[22] A expectativa da nova terra não deve, porém, enfraquecer, mas antes ativar a solicitude em ordem a desenvolver esta terra, onde cresce o Corpo da nova família humana, que já consegue apresentar certa prefiguração do mundo futuro. Por conseguinte, embora o progresso terreno se deva

---

[16] Cf. 1Cor 7,31; Santo Ireneu, Adversus Haereses, V, 36: PG VIII, 1222.

[17] Cf. 2Cor 5,2; 2Pd 3,13.

[18] Cf. 1Cor 2,9; Ap 21,4-5.

[19] Cf. 1Cor 15,42 e 53.

[20] Cf. 1Cor 13,8; 3,14.

[21] Cf. Rm 8,19-21.

[22] Cf. Lc 9,25.

A atividade humana prepara o novo céu e a nova terra (39) onde a morte será destruída para sempre. Passa a figura desse mundo e o novo céu e a nova terra, já presentes na ação de todos os que creem, aparecerão em toda a sua plenitude. Não sabemos como e quando tudo isso vai acontecer. Não se pode confundir o progresso com a realização definitiva que aguardamos. Contudo, na medida em que esse progresso pode contribuir para a melhor organização da sociedade humana, ele interessa muito ao reino de Deus.

cuidadosamente distinguir do crescimento do Reino de Cristo, todavia, à medida que pode contribuir para a melhor organização da sociedade humana, interessa muito ao Reino de Deus.[23]

Todos estes bens da dignidade humana, da comunhão fraterna e da liberdade, fruto da natureza e do nosso trabalho, depois de os termos difundido na terra, no Espírito do Senhor e segundo o seu mandamento, voltaremos de novo a encontrá-los, mas então purificados de qualquer mancha, iluminados e transfigurados, quando Cristo entregar ao Pai o reino eterno e universal: "Reino de verdade e de vida, reino de santidade e de graça, reino de justiça, de amor e de paz".[24] Sobre a terra, o Reino já está misteriosamente presente; quando o Senhor vier, atingirá a perfeição.

---

[23] Cf. Pio XI, Enc. Quadragesimo anno: AAS 23 (1931), p. 207.
[24] Prefácio da festa de Cristo Rei.

Capítulo IV
O papel da Igreja no mundo contemporâneo

Relação mútua entre Igreja e mundo

40. Tudo quanto dissemos acerca da dignidade da pessoa humana, da comunidade dos homens, do significado profundo da atividade humana, constitui o fundamento das relações entre a Igreja e o mundo e a base do seu

Capítulo IV: O capítulo IV tem como título a função da Igreja no mundo atual (40-45), estudando a relação mútua entre a Igreja e o mundo. A missão recebida de Cristo foi a de levar o Evangelho até os confins da terra, fazendo discípulas e discípulos. A Igreja tem uma função específica no mundo. A *Gaudium et Spes*, de uma forma precisa, não deixou de acentuar esta missão.

Tendo como ponto de partida documentos já publicados pelo Concílio (40), máxime a *Lumen Gentium*, o Concílio irá considerar a existência e a atuação da Igreja no mundo. Ela foi fundada em vista dos bens celestes. É comunidade visível e comunidade espiritual, "caminha juntamente com toda a humanidade, participa da mesma sorte terrena do mundo e é como que o fermento e a alma da sociedade humana, a qual deve ser renovada em Cristo e transformada em família de Deus". Há, pois, uma mútua relação entre Igreja e mundo.

diálogo recíproco.[1] Pelo que, no presente capítulo pressupondo tudo o que o Concílio já declarou acerca do mistério da Igreja, considerar-se-á a mesma Igreja enquanto existe neste mundo e com ele vive e atua.

A Igreja, que tem a sua origem no amor do eterno Pai,[2] fundada, no tempo, por Cristo Redentor, e reunida no Espírito Santo,[3] tem um fim salvador e escatológico, o qual só se poderá atingir plenamente no outro mundo. Mas ela existe já atualmente na terra, composta de homens que são membros da cidade terrena e chamados a formar já na história humana a família dos filhos de Deus, a qual deve crescer continuamente até a vinda do Senhor. Unida em vista dos bens celestes e com eles enriquecida, esta família foi por Cristo "constituída e organizada como sociedade neste mundo",[4] dispondo de "convenientes meios de unidade visível e social".[5] Deste modo, a Igreja, simultaneamente "agrupamento visível e comunidade espiritual",[6] caminha juntamente com toda a humanidade, participa da mesma sorte terrena do mundo e é como que o fermento e a alma da sociedade humana,[7] a qual deve ser renovada em Cristo e transformada em família de Deus.

Esta compenetração da cidade terrena com a celeste só pela fé se pode perceber; mais, ela permanece o mistério da história humana, sempre perturbada pelo pecado, enquanto não chega à plena manifestação da glória dos

---

[1] Cf. Paulo VI, Enc. Ecclesiam Suam, III: AAs 56 (1964), p. 637-659.

[2] Cf. Tt 3,4: "philantropia".

[3] Cf. 1,3; 5,6; 13-14;23.

[4] Cf. Conc. Vat. II, Const. dogm. Lumen gentium, cap. I, n. 8: AAS 57 (1965), p. 12.

[5] Ibid., cap. II, n. 9: AAS 57 (1965), p. 11.

[6] Ibid., cap.I, n. 8: AAS (1965), p. 11.

[7] Cf. Ibid., cap. IV, n. 38: AAS 57 (1965), p. 43, com a nota 120.

filhos de Deus. Procurando o seu fim salvífico próprio, a Igreja não se limita a comunicar ao homem a vida divina, mas espalha, de certo modo, os reflexos da sua luz sobre todo o mundo, sobretudo enquanto sara e eleva a dignidade da pessoa humana, consolida a coesão da sociedade e dá um sentido mais profundo à atividade cotidiana dos homens. A Igreja pensa, assim, que por meio de cada um dos seus membros e por toda a sua comunidade, muito pode ajudar para tornar mais humana a família dos homens e a sua história.

Além disso, a Igreja Católica aprecia grandemente a contribuição que as outras Igrejas cristãs ou comunidades eclesiásticas deram e continuam a dar para o mesmo fim. E está também firmemente persuadida de que, de vários modos, pode ser ajudada na preparação do evangelho pelo mundo, pelos indivíduos e pela sociedade humana, com suas qualidades e ação. Expõem-se, a seguir, alguns princípios gerais para promover convenientemente o intercâmbio e ajuda recíproca entre a Igreja e o mundo, nos domínios que são de algum modo comuns a ambos.

A ajuda que a Igreja quer oferecer aos indivíduos

41. O homem atual está a caminho de um desenvolvimento mais pleno de sua personalidade e de uma maior descoberta e afirmação dos próprios direitos. Como a

---

A Igreja oferece ao ser humano o sentido da sua existência, a verdade profunda acerca dele mesmo (41). A principal ajuda que a Igreja dá ao ser humano resume-se nesta frase: "Nenhuma lei humana pode salvaguardar tão perfeitamente a dignidade pessoal e a liberdade do homem como o Evangelho de Cristo, confiado à Igreja".

Igreja recebeu a missão de manifestar o mistério de Deus, último fim do homem, ela manifesta ao mesmo tempo ao homem o sentido da sua existência e a verdade profunda acerca dele mesmo. A Igreja sabe muito bem que só Deus, a quem serve, pode responder às aspirações mais profundas do coração humano, que nunca plenamente se satisfaz com os bens terrestres. Sabe também que o homem, solicitado pelo Espírito de Deus, nunca será totalmente indiferente ao problema religioso, como o confirmam não só a experiência dos tempos passados, mas também inúmeros testemunhos do presente. Com efeito, o homem sempre desejará saber, ao menos confusamente, qual é o significado da sua vida, da sua atividade e da sua morte. E a própria presença da Igreja lhe traz à mente estes problemas. Mas só Deus, que criou o homem à sua imagem e o remiu, dá uma resposta plenamente adequada a estas perguntas, pela revelação em Cristo seu Filho feito homem. Todo aquele que segue Cristo, o homem perfeito, torna-se mais homem.

Apoiada nesta fé, a Igreja pode subtrair a dignidade da natureza humana a quaisquer mudanças de opiniões, por exemplo, as que rebaixam exageradamente o corpo humano ou, pelo contrário, o exaltam sem medida. Nenhuma lei humana pode salvaguardar tão perfeitamente a dignidade e liberdade pessoal do homem como o Evangelho de Cristo, confiado à Igreja. Pois este Evangelho anuncia e proclama a liberdade dos filhos de Deus; rejeita toda a espécie de servidão, que tem a sua última origem no pecado;[8] respeita como sagrada a dignidade da consciência e a sua livre decisão; sem descanso recorda que todos os talentos humanos devem redundar em serviço

---

[8] Cf. Rm 8,14-17.

de Deus e bem dos homens; e a todos recomenda, finalmente, a caridade.[9] Isto corresponde à lei fundamental da realidade cristã. Porque, embora o próprio Deus seja Criador e Salvador, Senhor da história humana e da história da salvação, todavia, segundo a ordenação divina, a justa autonomia das criaturas e sobretudo do homem, não só não é eliminada mas antes é restituída à sua dignidade e nela confirmada.

Por isso, a Igreja, em virtude do Evangelho que lhe foi confiado, proclama os direitos do homem e reconhece e tem em grande apreço o dinamismo do nosso tempo, que por toda a parte promove tais direitos. Este movimento, porém, deve ser penetrado pelo espírito do Evangelho, e defendido de qualquer espécie de falsa autonomia. Pois estamos sujeitos à tentação de julgar que os nossos direitos pessoais só são plenamente assegurados quando nos libertamos de toda a norma da Lei divina. Enquanto, por este caminho, a dignidade da pessoa humana, em vez de se salvar, perde-se.

A ajuda que a Igreja quer oferecer à sociedade humana

42. A unidade da família humana recebe grande reforço e acabamento na unidade da família dos filhos de Deus, fundada no Cristo.[10]

---

[9]   Cf. Mt 22,39.
[10]   Const. dogm. Lumen gentium, cap. II, n. 9; AAS 57 (1965), p. 12-14.

Não só à pessoa humana é oferecida a ajuda da Igreja. Também a sociedade (42) aufere de tal auxílio, feito de palavras (o anúncio da mensagem evangélica) e obras (os inúmeros testemunhos disseminados pela caridade evangélica em todo o mundo).

Certamente, a missão própria confiada por Cristo à sua Igreja não é de ordem política, econômica ou social: o fim que lhe propôs é, com efeito, de ordem religiosa.[11] Mas é justamente desta mesma missão religiosa que derivam encargos, luz e energia que podem servir para o estabelecimento e consolidação da comunidade humana segundo a Lei divina. E também, quando for necessário, tendo em conta as circunstâncias de tempos e lugares, pode ela própria, e até deve, suscitar obras destinadas ao serviço de todos, sobretudo dos pobres, tais como obras caritativas e outras semelhantes.

A Igreja reconhece, além disso, tudo o que há de bom no dinamismo social hodierno; sobretudo o movimento para a unidade, o processo da sã socialização e associação civil e econômica. Promover a unidade é, efetivamente,

[11] Cf. Pio XII, Alocução aos cultores de história e de arte, 9 março 1956: AAS 48 (1956), p. 212: "O seu divino Redentor, Jesus Cristo, não lhe deu nenhum mandato nem fixou nenhum fim de ordem cultural. O fim que Cristo lhe assinala é estritamente religioso (...) A Igreja deve conduzir os homens a Deus, para que eles se lhe entreguem sem reservas (...) A Igreja jamais poderá perder de vista este fim estritamente religioso, sobrenatural. O sentido de todas as suas atividades, até ao último cânon do seu Direito, não pode ser outro senão concorrer para isso direta ou indiretamente".

Ademais, a Igreja prega a comunhão da família humana recomendando "a todos os seus filhos, e também a todos os homens, que superem com este espírito de família próprio dos filhos de Deus todos os conflitos entre nações e raças, e consolidem internamente as legítimas associações humanas". Enfim, respeitando tudo o que há de bom, verdadeiro e justo nas tão diversas instituições que o gênero humano criou e continua criando, o Concílio afirma querer auxiliar — no que é compatível com a missão da Igreja — todas aquelas que respeitem os direitos fundamentais da pessoa e da família e os imperativos do bem comum.

algo que se harmoniza com a missão essencial da Igreja, pois ela é, "em Cristo, como que o sacramento ou sinal e o instrumento da íntima união com Deus e da unidade de todo o gênero humano".[12] Ela própria manifesta assim ao mundo que a verdadeira união social externa flui da união dos espíritos e corações, daquela fé e caridade em que indissoluvelmente se funda, no Espírito Santo, a sua própria unidade. Porque a energia que a Igreja pode insuflar à sociedade atual consiste nessa fé e caridade efetivamente vivida e não em qualquer domínio externo, atuado com meios puramente humanos.

Além disso, dado que a Igreja não está ligada, por força da sua missão e natureza, a nenhuma forma particular de cultura ou sistema político, econômico ou social, pode, graças a esta sua universalidade, constituir um laço muito estreito entre as diversas comunidades e nações, contanto que nela confiem e lhe reconheçam a verdadeira liberdade para cumprir esta sua missão. Por esta razão, a Igreja recomenda a todos os seus filhos, e também a todos os homens, que superem com este espírito de família próprio dos filhos de Deus todos os conflitos entre nações e raças, e consolidem internamente as legítimas associações humanas.

O Concílio considera com muito respeito o que há de bom, verdadeiro e justo nas instituições tão diversas que o gênero humano criou e sem cessar continua a criar. E a Igreja declara querer ajudar e promover todas essas instituições, à medida que isso dela dependa e seja compatível com a sua própria missão. Ela nada deseja mais ardentemente do que, servindo o bem de todos, poder desenvolver-se livremente sob qualquer regime que reconheça os

---

[12] Const. dogm. Lumen gentium, cap. I, n. 1: AAS 57 (1965), p. 5.

direitos fundamentais da pessoa e da família e os imperativos do bem comum.

A ajuda que a Igreja quer oferecer à atividade humana através dos cristãos

43. O Concílio exorta os cristãos, cidadãos de ambas as cidades, a que procurem cumprir fielmente os seus deveres terrenos, guiados pelo espírito do Evangelho. Afastam-se da verdade os que, sabendo que não temos aqui na terra uma cidade permanente, mas que vamos em demanda da futura,[13] pensam que podem por isso descuidar os seus deveres terrenos, sem atenderem a que a própria fé os obriga ainda mais a cumpri-los, segundo a vocação própria de cada um.[14] Mas não menos erram os que, pelo

---

[13] Cf. Hb 13,14.

[14] Cf. 2Ts 3,6-13; Cf. 4,28.

A Igreja ajuda também as atividades humanas (43) exortando cada fiel a cumprir sua missão de acordo com sua vocação. Com efeito, o cristão é cidadão e construtor de uma "dupla cidade". É contra a sua vocação descuidar de uma em função da outra. O divórcio entre a vocação terrena e a cidadania do céu é um dos mais graves erros do nosso tempo, adverte a *Gaudium et Spes*. Nas tarefas temporais a Igreja age, normalmente, através dos leigos. São eles os responsáveis da missão da Igreja no mundo. A *Gaudium et Spes* relembra aqui as palavras de LG, n. 28: "Como hoje em dia a humanidade tende cada vez mais para a unidade civil, econômica e social, assim importa que os sacerdotes, unindo o seu zelo e os seus esforços sob a orientação dos bispos e do Sumo Pontífice, procurem suprimir qualquer motivo de dispersão, para que todo o gênero humano seja reconduzido à unidade da família de Deus."

contrário, opinam poder entregar-se às ocupações terrenas, como se estas fossem inteiramente alheias à vida religiosa, a qual pensam consistir apenas no cumprimento dos atos de culto e de certos deveres morais. Este divórcio entre a fé que professam e o comportamento cotidiano de muitos deve ser contado entre os mais graves erros do nosso tempo. Já no Antigo Testamento os profetas denunciam este escândalo;[15] no Novo, Cristo ameaçou-o ainda mais veementemente com graves castigos.[16] Não se oponham, pois, infundadamente, as atividades profissionais e sociais, por um lado, e a vida religiosa, por outro. O cristão que descuida os seus deveres temporais falta aos seus deveres para com o próximo e até para com o próprio Deus, e põe em risco a sua salvação eterna. A exemplo de Cristo que exerceu as tarefas de operário, alegram-se antes os cristãos por poderem exercer todas as suas atividades terrenas unindo numa síntese vital todos os seus esforços humanos, domésticos, profissionais, científicos ou técnicos com os valores religiosos, sob os quais tudo se ordena para a glória de Deus.

As tarefas e atividades seculares competem como próprias, embora não exclusivamente, aos leigos. Por esta razão, sempre que, sós ou associados, atuam como cidadãos do mundo, não só devem respeitar as leis próprias de cada domínio, mas também procurarão alcançar neles uma real competência. Cooperarão de boa vontade com os homens que prosseguem os mesmos fins. Reconhecendo quais são as exigências da fé, e por ela robustecidos, não hesitem, quando for oportuno, em idear novas iniciativas

---

[15] Cf. Is 58,1-12.
[16] Cf. Mt 23,3-23; Mc 7,10-13. [17]Cf. João XXIII, Enc. Mater et Magistra, IV: AAS 53 (1961), p. 456-457; Cf. I: AAS, 1. c., p. 407, 410-411.

e levá-las à realização. Compete à sua consciência, previamente bem formada, imprimir a lei divina na vida da cidade terrestre. Dos sacerdotes, esperam os leigos a luz e força espiritual. Mas não pensem que os seus pastores estão sempre de tal modo preparados que tenham uma solução pronta, para qualquer questão, mesmo grave, que surja, ou que tal é a sua missão. Antes, esclarecidos pela sabedoria cristã, e atendendo à doutrina do Magistério,[17] assumam por si mesmos as próprias responsabilidades.

Muitas vezes, a concepção cristã da vida incliná-los-á para determinada solução, em certas circunstâncias concretas. Outros fiéis, porém, com não menos sinceridade, pensarão diferentemente acerca do mesmo assunto, como tantas vezes acontece, e legitimamente. Embora, as soluções propostas por uma e outra parte, ainda que independentemente da sua intenção, sejam por muitos facilmente vinculadas à mensagem evangélica, devem, no entanto, lembrar-se de que a ninguém é permitido, em tais casos, invocar exclusivamente em favor da própria opinião a autoridade da Igreja. Mas procurem sempre esclarecer-se mutuamente, num diálogo sincero, salvaguardando a caridade recíproca e atentos, antes de tudo, ao bem comum.

Os leigos, que devem tomar parte ativa em toda a vida da Igreja, não devem apenas impregnar o mundo com o espírito cristão, mas são também chamados a serem testemunhas de Cristo, em todas as circunstâncias, no seio da comunidade humana.

Quanto aos bispos, a quem está confiado o encargo de governar a Igreja de Deus, preguem juntamente com os seus sacerdotes a mensagem de Cristo de tal maneira

---

[17] Cf. João XXIII, Enc. Mater ET Magistra, IV:AAS 53 (1961), p. 456-457; cf. I: AAS, 1. c., p. 407-411.

que todas as atividades terrenas dos fiéis sejam penetradas pela luz do Evangelho. Lembrem-se, além disso, os pastores de que, com o seu comportamento e solicitude cotidianos,[18] manifestam ao mundo a face da Igreja com base na qual os homens julgam da força e da verdade da mensagem cristã. Com a sua vida e palavras, juntos com os religiosos e os seus fiéis, mostrem que a Igreja, com todos os dons que contém em si, é pela sua simples presença uma fonte inexaurível daquelas virtudes de que tanto necessita o mundo de hoje. Por meio de assíduo estudo, tornem-se capazes de tomar parte no diálogo com o mundo e com os homens de qualquer opinião. Mas, sobretudo, tenham no seu coração as palavras deste Concílio: "Dado que o gênero humano caminha hoje cada vez mais para a unidade civil, econômica e social, é tanto mais necessário que os sacerdotes, em conjunto e sob a direção dos bispos e do Sumo Pontífice, evitem todo o motivo de divisão, para que a humanidade inteira seja conduzida à unidade da família de Deus".[19]

Ainda que a Igreja, pela virtude do Espírito Santo, se tenha mantido esposa fiel do seu Senhor e nunca tenha deixado de ser um sinal de salvação no mundo, no entanto, ela não ignora que entre os seus membros,[20] clérigos ou leigos, não faltaram, no decurso de tantos séculos, alguns que foram infiéis ao Espírito de Deus. E também nos nossos dias, a Igreja não deixa de ver quanta distância separa a mensagem por ela proclamada e a humana fraqueza daqueles a quem foi confiado o Evangelho. Seja qual for o juízo da história acerca destas deficiências, devemos delas

---

[18] Cf. Const. dogm. *Lumen gentium*, cap. III, n. 28: AAS 57 (1965), p. 34-35.

[19] Ibid. n. 28: AAS, 1. c., p. 35-36.

[20] Cf. Santo Ambrósio, *De virginitate*, cap. VIII, n. 48: PL 16, 278.

ter consciência e combatê-las com vigor, para que não sejam obstáculo à difusão do Evangelho. Também sabe a Igreja quanto deve aprender, com a experiência dos séculos, no que se refere ao desenvolvimento das suas relações com o mundo. Conduzida pelo Espírito Santo, a Igreja Mãe "exorta sem cessar os seus filhos a que se purifiquem e renovem, para que o sinal de Cristo brilhe mais claramente no rosto da Igreja".[21]

A ajuda que a Igreja recebe do mundo contemporâneo

44. Do mesmo modo que é do interesse do mundo que ele reconheça a Igreja como realidade social da história e seu fermento, assim também a Igreja, por sua vez, não ignora quanto recebeu da história e da evolução do gênero humano.

---

[21] Cf. Const. dogm. Lumen gentium, cap. II, n. 15: AAS 57 (1965), p. 20.

O capítulo fala de uma reciprocidade entre Igreja e mundo. Não só a Igreja ajuda o mundo, como ele também a auxília (44). Com efeito, a Igreja não ignora quanto recebeu do mundo no decorrer da história. Todos os conhecimentos amealhados pela humanidade tornam-se veículos para a transmissão da mensagem cristã. É na variedade de línguas faladas pelas pessoas que o Evangelho é transmitido às gerações. Nos dias atuais, em que tudo muda tão rapidamente e os modos de pensar variam tanto, a ajuda daqueles que, vivendo no mundo, conhecem bem o espírito e conteúdo das várias instituições e disciplinas, sejam eles crentes ou não, é de inestimável valor para a Esposa de Cristo. Ela, que tanto recebeu, reconhece que muito aproveitou e pode aproveitar da própria oposição daqueles que a hostilizam e perseguem.

A experiência dos séculos passados, os progressos científicos, os tesouros encerrados nas várias formas de cultura humana, que manifestam mais plenamente a natureza do homem e abrem novos caminhos para a verdade, aproveitam igualmente à Igreja. Ela aprendeu, desde os começos da sua história, a formular a mensagem de Cristo por meio dos conceitos e línguas dos diversos povos, e procurou ilustrá-la com o saber filosófico. Tudo isto com o fim de adaptar o Evangelho à capacidade de compreensão de todos e às exigências dos sábios. Esta maneira adaptada de pregar a palavra revelada deve permanecer a lei de toda a evangelização. Deste modo, com efeito, suscita-se em cada nação a possibilidade de exprimir a mensagem de Cristo segundo a sua maneira própria, ao mesmo tempo em que se fomenta um intercâmbio vivo entre a Igreja e as diversas culturas dos diferentes povos.[22] Para aumentar este intercâmbio, necessita especialmente a Igreja, sobretudo hoje, em que tudo muda tão rapidamente e os modos de pensar variam tanto, daqueles crentes ou não crentes que, vivendo no mundo, conhecem bem o espírito e conteúdo das várias instituições e disciplinas.

É dever de todo o povo de Deus e sobretudo dos pastores e teólogos, com a ajuda do Espírito Santo, saber ouvir, discernir e interpretar as várias linguagens do nosso tempo, e julgá-las à luz da Palavra de Deus, de modo que a Verdade revelada possa ser cada vez mais intimamente percebida, mais bem compreendida e apresentada de um modo mais conveniente.

Como a Igreja tem uma estrutura social visível, sinal da sua unidade em Cristo, pode também ser enriquecida, e de fato o é, com a evolução da vida social. Não porque

---

[22] Cf. Const. dogm. Lumen gentium, cap. II, n. 13: AAS 57 (1965), p. 17.

falte algo na constituição que Cristo lhe deu, mas para mais profundamente conhecê-la, melhor exprimi-la e mais convenientemente adaptá-la aos nossos tempos. Ela verifica com gratidão que, tanto no seu conjunto como em cada um dos seus filhos, recebe variadas ajudas dos homens de toda classe e condição. Na realidade, todos os que de acordo com a vontade de Deus promovem a comunidade humana no plano familiar, cultural, da vida econômica e social e também política, seja nacional ou internacional, prestam não pequena ajuda à comunidade eclesial, à medida que esta depende de fatores externos. Mais ainda, a Igreja reconhece que muito aproveitou e pode aproveitar da própria oposição daqueles que a hostilizam e perseguem.[23]

---

[23] Cf. Justino, Dialogus cum Tryphone, cap. 110: PG 6, 729 (ed. Otto), 1897, p. 391-393: "...sed quanto magis talia nobis infliguntur, tanto plures alii fideles et pii per nomen Jesu fiunt". Cf. Tertuliano, Apologeticus, cap. I, 13: Corpus Christ. ser lat. I, p. 171: "Etiam plures efficimur totiens metimur a vobis: semen est sanguis christianorum". Cf. Const. dogm. Lumen gentium, cap. II, n. 9: AAS 57 (1965), p. 14.

Ajudando o mundo e recebendo dele ao mesmo tempo muitas coisas, o único fim da Igreja é o advento do reino de Deus e o estabelecimento da salvação de todo o gênero humano (45). Toda esta recíproca ação de dar e receber tende para um fim: que Deus seja tudo em todos. Que a Igreja atinja, no Senhor Ressuscitado, o ponto para onde tendem os desejos da história e da civilização, o centro do gênero humano, a alegria de todos os corações e a plenitude das suas aspirações aguardando a recapitulação de todas as coisas em Cristo, tanto as do céu, quanto as da terra (cf. Ef 1,10). Espera o que o próprio Senhor disse: "Eis que venho em breve, trazendo comigo a minha recompensa, para dar a cada um segundo as suas obras. Eu sou o alfa e o ômega, o primeiro e o último, o começo e o fim" (Ap 22,12-13).

Cristo, alfa e ômega

45. Ao ajudar o mundo e recebendo dele ao mesmo tempo muitas coisas, o único fim da Igreja é o advento do Reino de Deus e o estabelecimento da salvação de todo o gênero humano. E todo o bem que o povo de Deus pode prestar à família dos homens durante o tempo da sua peregrinação terrena deriva do fato de que a Igreja é "o sacramento universal da salvação",[24] manifestando e atuando simultaneamente o mistério do amor de Deus pelos homens.

Com efeito, o próprio Verbo de Deus, por quem tudo foi feito, fez-se homem, para, homem perfeito, a todos salvar e tudo recapitular. O Senhor é o fim da história humana, o ponto para o qual tendem as aspirações da história e da civilização, o centro do gênero humano, a alegria de todos os corações e a plenitude das suas aspirações.[25] Foi ele que o Pai ressuscitou dos mortos, exaltou e colocou à sua direita, estabelecendo-o juiz dos vivos e dos mortos. Vivificados e reunidos no seu Espírito, caminhamos em direção à consumação da história humana, a qual corresponde plenamente ao seu desígnio de amor: "Recapitular todas as coisas em Cristo, tanto as do céu como as da terra" (Ef 1,10).

O próprio Senhor o diz: "Eis que venho em breve, trazendo comigo a minha recompensa, para dar a cada um segundo as suas obras. Eu sou o alfa e o ômega, o primeiro e o último, o começo e o fim" (Ap 22,12-13).

---

[24] Cf. Const. dogm. Lumen gentium, cap. II, n. 15: AAS 57 (1965), p. 53.
[25] Cf. Paulo VI, Alocução 3 fevereiro 1965.

II Parte

Alguns problemas mais urgentes

Proêmio

46. Depois de ter exposto a dignidade da pessoa humana, bem como a missão individual e social que é chamada a realizar no mundo, o Concílio dirige agora a atenção de todos, à luz do Evangelho e da experiência humana, para

Gaudium et Spes

II Parte: Na segunda parte, de cunho eminentemente pastoral, a *Gaudium et Spes* (46-93) trata de alguns problemas mais urgentes da Igreja da década de 1960. O próprio Concílio, no número 46, dá o sentido de toda esta parte ao dar denominada "Atitude do Concílio perante esses problemas". Textualmente: "Depois de ter exposto a dignidade da pessoa humana, bem como a missão individual e social que é chamada a realizar no mundo, o Concílio dirige agora a atenção de todos, à luz do Evangelho e da experiência humana, para algumas necessidades mais urgentes do nosso tempo, que dizem respeito profundamente à humanidade. Entre as muitas questões que hoje a todos preocupam, importa ressaltar particularmente as seguintes: o Matrimônio e a família, a cultura humana, a vida econômico-social e política, a comunidade internacional e a paz. Sobre cada uma delas devem resplandecer os princípios e as luzes que provêm de Cristo e que dirigirão os cristãos e iluminarão todos os homens na busca da solução para tantos e tão complexos problemas".

algumas necessidades mais urgentes do nosso tempo, que dizem respeito profundamente à humanidade.

Entre as muitas questões que hoje a todos preocupam, importa ressaltar particularmente as seguintes: o Matrimônio e a família, a cultura humana, a vida econômico-social e política, a comunidade internacional e a paz. Sobre cada uma delas devem resplandecer os princípios e as luzes que provêm de Cristo e que dirigirão os cristãos e iluminarão todos os homens na busca da solução para tantos e tão complexos problemas.

Capítulo I
A promoção da dignidade, do Matrimônio e da família

Matrimônio e família no mundo de hoje

47. A salvação da pessoa e da sociedade humana e cristã está intimamente ligada com uma favorável situação da comunidade conjugal e familiar. Por esse motivo, os cristãos, juntamente com todos os que têm em grande estima esta comunidade, alegram-se sinceramente com os vários fatores que fazem aumentar entre os homens a estima desta comunidade de amor e o respeito pela vida e

Gaudium et Spes

Capítulo I: O primeiro grande problema é a promoção da dignidade do Matrimônio e da família (47-52). O ponto de partida (47) é a constatação do valor e do apreço que a comunidade familiar goza em meio aos crentes e às demais pessoas de boa vontade. Contudo, passa imediatamente a citar os principais problemas que perpassam esta instituição: a poligamia, o divórcio, o amor livre, o egoísmo, a busca do prazer, as práticas ilícitas contra a geração, bem como as perturbações advindas das ordens econômicas, sociopsicológicas e civis. Não deixa ainda de citar os problemas postos pelo aumento demográfico... Apresentando estes problemas, o Concílio quer fomentar a nativa dignidade do Matrimônio e o seu alto e sagrado valor.

que auxiliam os cônjuges e pais na sua sublime missão. Esperam daí ainda melhores resultados e esforçam-se por os ampliar.

Porém, a dignidade desta instituição não resplandece em toda a parte com igual brilho. Encontra-se obscurecida pela poligamia, pela epidemia do divórcio, pelo chamado amor livre e outras deformações. Além disso, o amor conjugal é muitas vezes profanado pelo egoísmo, hedonismo e por práticas ilícitas contra a geração. E as atuais condições econômicas, sociopsicológicas e civis introduzem ainda na família não pequenas perturbações. Finalmente, em certas partes do globo verificam-se, com inquietação, os problemas postos pelo aumento demográfico. Com tudo isto, angustiam-se as consciências. Mas o vigor e solidez da instituição matrimonial e familiar também nisto se manifestam: muito frequentemente, as profundas transformações da sociedade contemporânea, apesar das dificuldades a que dão origem, revelam de diversos modos a verdadeira natureza de tal instituição.

Eis por que o Concílio, esclarecendo alguns pontos da doutrina da Igreja, deseja ilustrar e robustecer os cristãos e todos os homens que se esforçam por proteger e fomentar a nativa dignidade do estado matrimonial e o seu alto e sagrado valor.

Santidade do Matrimônio e da família

48. A íntima comunidade de vida e de amor conjugal, fundada pelo Criador e dotada de leis próprias, é instituída

---

A comunidade matrimonial foi fundada por Cristo com vínculos sagrados e está também protegida por leis humanas (48). E vigorosamente o Concílio dá o sentido pleno do Matrimônio: "Em

por meio do contrato matrimonial, ou seja, com o irrevogável consentimento pessoal. Desse modo, por meio do ato humano com o qual os cônjuges mutuamente se dão e recebem um ao outro, nasce uma instituição também à face da sociedade, confirmada pela lei divina. Em vista do bem tanto dos esposos e da prole como da sociedade, este sagrado vínculo não está ao arbítrio da vontade humana. O próprio Deus é o autor do Matrimônio, o qual possui diversos bens e fins,[1] todos eles da máxima importância, quer para a propagação do gênero humano, quer para o proveito pessoal e sorte eterna de cada um dos membros da família, quer mesmo, finalmente, para a dignidade, estabilidade, paz e prosperidade de toda a família humana. Por sua própria natureza, a instituição matrimonial e o amor conjugal estão ordenados para a procriação e educação da prole, que constituem a sua coroa. O homem e a mulher, que, pela aliança conjugal "já não são dois, mas uma só carne" (Mt 19,6), prestam-se recíproca ajuda e serviço com a íntima união das suas pessoas e atividades, tomam consciência da própria unidade e cada vez mais a realizam. Esta união íntima, enquanto dom recíproco de duas pessoas, assim como o bem dos filhos, exigem a inteira fidelidade dos cônjuges e requerem a indissolubilidade da sua união.[2]

Cristo Senhor abençoou copiosamente este amor de múltiplos aspectos nascido da fonte divina da caridade e constituído à imagem da sua própria união com a Igreja.

---

[1] Cf. Santo Agostinho, De bono coniugii: PL 40, 375-376 e 394. Santo Tomás, Summa Theol., Suppl. Quaest. 49, art. 3 ad 1; Decretum pro Armenis: Denz. Schon. 1327; Pio XI, Enc. Casti connubii: AAS 22 (1930), p. 547-548; Denz. Schon 3703-3714.

[2] Cf. Pio XI, Enc. Casti Connubii: AAS 22 (1930), p. 546-547; Denz. Schon. 3706.

E assim como outrora Deus veio ao encontro do seu povo com uma aliança de amor e fidelidade,[3] assim agora o Salvador dos homens e Esposo da Igreja[4] vem ao encontro dos esposos cristãos com o sacramento do Matrimônio. E permanece com eles, para que, assim como Ele amou a Igreja e se entregou por ela,[5] de igual modo os cônjuges, dando-se um ao outro, se amem com perpétua fidelidade. O autêntico amor conjugal é assumido no amor divino, e dirigido e enriquecido pela força redentora de Cristo e pela ação salvadora da Igreja; para que, assim, os esposos caminhem eficazmente para Deus e sejam ajudados e fortalecidos na

---

[3] Cf. Os 2; Jr 3,6-13; Ez 16 e 23; Is 54.

[4] Cf. Mt 9,15; Mc 2,19-20; Lc 5,34-35; Jo 3,29; Cf. também 2Cor 11,2; Ef 5,27; Ap 19,7-8; 21,2 e 9.

[5] Cf. Ef 5,25.

---

vista do bem tanto dos esposos e da prole como da sociedade, este sagrado vínculo não está ao arbítrio da vontade humana. O próprio Deus é o autor do Matrimónio, o qual possui diversos bens e fins, todos eles da máxima importância, quer para a propagação do gênero humano, quer para o proveito pessoal e sorte eterna de cada um dos membros da família, quer mesmo, finalmente, para a dignidade, estabilidade, paz e prosperidade de toda a família humana. Cristo santificou, com sua presença, a instituição matrimonial, constituindo-o imagem de sua união com a Igreja". O número conclui com uma leitura do Matrimônio que vem desde a Patrística: "A família cristã, nascida de um Matrimônio que é imagem e participação da aliança de amor entre Cristo e a Igreja, manifestará a todos a presença viva do Salvador no mundo e a autêntica natureza da Igreja, quer por meio do amor dos esposos, quer pela sua generosa fecundidade, unidade e fidelidade, quer pela amável cooperação de todos os seus membros".

sua missão sublime de pai e mãe.[6] Por este motivo, os esposos cristãos são fortalecidos e como que consagrados em ordem aos deveres do seu estado por meio de um sacramento especial;[7] cumprindo, com a sua força, a própria missão conjugal e familiar, penetrados do espírito de Cristo que impregna toda a sua vida de fé, esperança e caridade, avançam sempre mais na própria perfeição e mútua santificação e cooperam assim juntos para a glória de Deus.

Precedidos assim pelo exemplo e oração familiar dos pais, tanto os filhos como todos os que vivem no círculo familiar encontrarão mais facilmente o caminho da formação humana, da salvação e da santidade. Quanto aos esposos, revestidos com a dignidade e o encargo da paternidade e maternidade, cumprirão diligentemente o seu dever de educação, sobretudo religiosa, que a eles cabe em primeiro lugar.

Os filhos, como membros vivos da família, contribuem a seu modo para a santificação dos pais. Corresponderão, com a sua gratidão, piedade filial e confiança aos benefícios recebidos dos pais e assisti-los-ão, como bons filhos, nas dificuldades e na solidão da velhice. A viuvez, corajosamente assumida na sequência da vocação conjugal, por todos deve ser respeitada.[8] Cada família comunicará generosamente com as outras as próprias riquezas espirituais. Por isso, a família cristã, nascida de Matrimônio que é imagem e participação da aliança de amor entre Cristo e a Igreja,[9] manifestará a todos a presença viva do

---

[6] Cf. Conc. Vat. II, Const. dogm. Lumen gentium: AAS 57 (1965), p. 15-16; 40-41; 47.

[7] Pio XI, Enc. Casti Connubii: AAS 22 (1930), p. 583.

[8] Cf. 1Tm 5,3.

[9] Cf. Ef 5,32.

Salvador no mundo e a autêntica natureza da Igreja, quer por meio do amor dos esposos, quer pela sua generosa fecundidade, unidade e fidelidade, quer pela amável cooperação de todos os seus membros.

O amor conjugal

49. A Palavra de Deus convida repetidas vezes os noivos a alimentar e robustecer o seu noivado com um amor casto, e os esposos a sua união com um amor indiviso.[10] E também muitos dos nossos contemporâneos têm em grande apreço o verdadeiro amor entre marido e mulher, manifestado de diversas maneiras, de acordo com os honestos costumes dos povos e dos tempos. Esse amor, dado que é eminentemente humano, pois vai de pessoa a pessoa com um afeto voluntário, compreende o bem de toda a pessoa e, por conseguinte, pode conferir especial dignidade às manifestações do corpo e do espírito, enobrecendo-as

---

[10] Cf. Gn 2,22-24; Pr 5,15-20; 31,10-31; Tb 8,4-8; Ct 1,2-3; 4,16; 5,1; 7,8-14; 1Cor 7,3-6; Ef 5,25-33.

O número 49 celebra o amor conjugal, dando o sentido pleno da castidade matrimonial. Chama a atenção para a leitura cristã da inclinação erótica. Ela, com efeito, fomentada egoisticamente, rápida e miseravelmente se desvanece, fragilizando e rompendo a grandeza do amor matrimonial. O Concílio fala da dignidade e do valor do ato matrimonial. Sancionado pelo sacramento, ele exclui tanto o adultério como o divórcio. O Matrimônio é uma vocação. Para vivê-la requer-se uma virtude notável. O fortalecimento que vem da graça permitirá que os esposos levem uma vida santa. Ademais, devem cultivar sua vocação e fortalecer o próprio amor, devem rezar com frequência e cultivar o espírito de sacrifício.

como elementos e sinais peculiares do amor conjugal. E o Senhor dignou-se sanar, aperfeiçoar e elevar este amor com um dom especial de graça e caridade. Unindo o humano e o divino, esse amor leva os esposos ao livre e recíproco dom de si mesmos, que se manifesta com a ternura do afeto e com as obras e penetra toda a sua vida;[11] e aperfeiçoa-se e aumenta pela sua própria generosa atuação. Ele transcende, por isso, imensamente a mera inclinação erótica, a qual, fomentada egoisticamente, rápida e miseravelmente se desvanece.

Este amor tem a sua expressão e realização peculiar no ato próprio do Matrimônio. São, portanto, honestos e dignos os atos pelos quais os esposos se unem em intimidade e pureza; realizados de modo autenticamente humano, exprimem e alimentam a mútua entrega pela qual se enriquecem um ao outro na alegria e gratidão. Esse amor, ratificado pela promessa de ambos e, sobretudo, sancionado pelo sacramento de Cristo, é indissoluvelmente fiel, de corpo e de espírito, na prosperidade e na adversidade; exclui, por isso, toda e qualquer espécie de adultério e divórcio. A unidade do Matrimônio, confirmada pelo Senhor, manifesta-se também claramente na igual dignidade da mulher e do homem que se deve reconhecer no mútuo e pleno amor. Mas, para cumprir com perseverança os deveres desta vocação cristã, requer-se uma virtude notável; por este motivo, é que os esposos, fortalecidos pela graça para uma vida de santidade, cultivarão assiduamente a fortaleza do próprio amor, a magnanimidade e o espírito de sacrifício e os impetrarão com a oração.

---

[11] Cf. Pio XI, Enc. Casti Connubii: AAS 22 (1930), p. 547-548; Denz.-Schon, 3707.

O autêntico amor conjugal será mais apreciado, e formar-se-á a seu respeito uma sã opinião pública, se os esposos cristãos derem um testemunho eminente de fidelidade e harmonia, além da solicitude na educação dos filhos, e se fizerem a sua parte na necessária renovação cultural, psicológica e social em favor do Matrimônio e da família. Os jovens devem ser conveniente e oportunamente instruídos sobretudo no seio da própria família, acerca da dignidade, missão e exercício do amor conjugal. Desse modo, educados na castidade e chegada a idade conveniente, poderão entrar no casamento depois de um casto noivado.

A fecundidade do Matrimônio

50. O Matrimônio e o amor conjugal destinam-se por sua própria natureza à geração e educação da prole. Os filhos são, sem dúvida, o maior dom do Matrimônio e contribuem muito para o bem dos próprios pais. O mesmo Deus que disse "não é bom que o homem esteja só" (Gn 2,18) e que "desde a origem fez o homem varão e mulher" (Mt 19,4), querendo comunicar-lhe uma participação

---

O primeiro parágrafo do número 50 dá todo o seu sentido. "O Matrimônio e o amor conjugal destinam-se por sua própria natureza à geração e educação da prole. Os filhos são, sem dúvida, o maior dom do Matrimônio e contribuem muito para o bem dos próprios pais. O mesmo Deus que disse 'não é bom que o homem esteja só' (Gn 2,88) e que 'desde a origem fez o homem varão e mulher' (Mt 19,14), querendo comunicar-lhe uma participação especial na sua obra criadora, abençoou o homem e a mulher dizendo: 'Sede fecundos e multiplicai-vos' (Gn 1,28). Por isso, o autêntico fomento do amor conjugal, e toda a vida familiar que

especial na sua obra criadora, abençoou o homem e a mulher dizendo: "Sede fecundos e multiplicai-vos" (Gn 1,28).

Por isso, o autêntico fomento do amor conjugal, e toda a vida familiar que dele nasce, sem pôr de lado os outros fins do Matrimônio, tendem a que os esposos, com fortaleza de ânimo, estejam dispostos a colaborar com o amor do Criador e Salvador, que por meio deles aumenta cada dia mais e enriquece a sua família.

Os esposos sabem que no dever de transmitir e educar a vida humana — que deve ser considerado como a sua missão específica — eles são os cooperadores do amor de Deus Criador e como que os seus intérpretes. Desempenhar-se-ão, portanto, desta missão com a sua responsabilidade humana e cristã; com um respeito cheio de docilidade para com Deus, de comum acordo e com esforço comum, formarão retamente a própria consciência, tendo em conta o seu bem próprio e o dos filhos já nascidos ou que preveem virão a nascer, sabendo ver as condições de tempo e da própria situação e tendo, finalmente, em consideração o bem da comunidade familiar, da sociedade temporal e da própria Igreja. São os próprios esposos que, em última instância, devem diante de Deus tomar esta decisão. Mas,

---

dele nasce, sem pôr de lado os outros fins do Matrimônio, tendem a que os esposos, com fortaleza de ânimo, estejam dispostos a colaborar com o amor do Criador e Salvador, que por meio deles aumenta cada dia mais e enriquece a sua família". A *Gaudium et Spes* afirma explicitamente que os esposos, em última instância e guiados por sua consciência, pelo Evangelho e pelas orientações da Igreja, devem estar de comum acordo sobre o número de seus filhos e sua educação. Ademais, são também responsáveis para que seu amor chegue à maturidade, aumente e se exprima convenientemente.

no seu modo de proceder, tenham os esposos consciência de que não podem proceder arbitrariamente, mas que sempre se devem guiar pela consciência, fiel à lei divina, e ser dóceis ao Magistério da Igreja, que autenticamente a interpreta à luz do Evangelho. Essa lei divina manifesta a plena significação do amor conjugal, protege-o e estimula-o para a sua perfeição autenticamente humana. Assim, os esposos cristãos, confiados na divina Providência e cultivando o espírito de sacrifício,[12] dão glória ao Criador e caminham para a perfeição em Cristo quando se desempenham do seu dever de procriar com responsabilidade generosa, humana e cristã. Entre os esposos que deste modo satisfazem à missão que Deus lhes confiou, devem ser especialmente lembrados aqueles que, de comum acordo e com prudência, aceitam com grandeza de ânimo educar uma prole numerosa.[13]

No entanto, o Matrimônio não foi instituído só em ordem à procriação da prole. A própria natureza da aliança indissolúvel entre pessoas e o bem da prole exigem que o mútuo amor dos esposos se exprima convenientemente, aumente e chegue à maturidade. E por isso, mesmo que faltem os filhos, tantas vezes ardentemente desejados, o Matrimônio conserva o seu valor e indissolubilidade, como comunidade e comunhão de toda a vida.

Harmonização do amor conjugal com o respeito da vida humana

51. O Concílio não ignora que os esposos, na sua vontade de conduzir harmonicamente a própria vida conjugal,

---

[12] Cf. 1Cor 7,5.

[13] Cf. Pio XII, Alocução 20 janeiro 1958: AAS 50 (1958), p. 91.

encontram frequentes dificuldades em certas circunstâncias da vida atual; que se podem encontrar em situações em que, pelo menos temporariamente, não podem aumentar o número de filhos e em que só com dificuldade se mantêm a fidelidade do amor e a plena comunidade de vida. Mas quando se suspende a intimidade da vida conjugal, não raro se pode pôr em risco a fidelidade e comprometer o bem da prole; porque, nesse caso, ficam ameaçadas tanto a educação dos filhos como a coragem necessária para ter mais filhos.

Não falta quem se atreva a dar soluções imorais a estes problemas, sem recuar sequer perante o homicídio. Mas a Igreja recorda que não pode haver verdadeira incompatibilidade entre as leis divinas que regem a transmissão da vida e o desenvolvimento do autêntico amor conjugal.

O amor conjugal não é incompatível com a transmissão da vida, afirma GS, n. 51. O Concílio não ignora as imensas dificuldades encontradas pelos esposos. Contudo proclama: "Quando se suspende a intimidade da vida conjugal, não raro se pode pôr em risco a fidelidade e comprometer o bem da prole; porque, nesse caso, ficam ameaçados tanto a educação dos filhos como a coragem necessária para ter mais filhos". O documento condena explicitamente crimes abomináveis como o aborto, o infanticídio, tão difundidos na atualidade. Proclama, ainda, que "quando se trata de conciliar o amor conjugal com a transmissão responsável da vida, a moralidade do comportamento não depende apenas da sinceridade da intenção e da apreciação dos motivos; deve também determinar-se por critérios objetivos, tomados da natureza da pessoa e dos seus atos; critérios que respeitem, num contexto de autêntico amor, o sentido da mútua doação e da procriação humana". Afirma, por fim, que a transmissão da vida está sempre relacionada com o destino eterno dos seres humanos.

Com efeito, Deus, Senhor da vida, confiou aos homens, para que estes desempenhassem de modo digno dos mesmos homens, o nobre encargo de proteger a vida. Esta deve, pois, ser salvaguardada, com extrema solicitude, desde o primeiro momento da concepção; o aborto e o infanticídio são crimes abomináveis. Quanto à sexualidade humana e ao poder gerador do homem, eles superam de modo admirável o que se encontra nos graus inferiores da vida; daqui se segue que os próprios atos específicos da vida conjugal, realizados segundo a autêntica dignidade humana, devem ser objeto de grande respeito. Quando se trata, portanto, de conciliar o amor conjugal com a transmissão responsável da vida, a moralidade do comportamento não depende apenas da sinceridade da intenção e da apreciação dos motivos; deve também determinar-se por critérios objetivos, tomados da natureza da pessoa e dos seus atos; critérios que respeitem, num contexto de autêntico amor, o sentido da mútua doação e de procriação humana. Tudo isto só é possível se se cultivar sinceramente a virtude da castidade conjugal. Segundo estes princípios, não é lícito aos filhos da Igreja adotar, na regulação dos nascimentos, caminhos que o Magistério, explicitando a lei divina, reprova.[14]

Todos, finalmente, tenham bem presente que a vida humana e a missão de a transmitir não se limitam a este mundo, nem podem ser medidas ou compreendidas

---

[14] Cf. Pio XI, Enc. Casti connubii: AAS 22 (1930), p. 559-561: Denz.-Schon. 3716-3718; Pio XII, Alocução ao Congresso da União Italiana de parteiras, 29 outubro, 1951: AAS 43 (1951), p. 835-854; Paulo VI, Alocução ao sacro colégio, 23 junho 1964: AAS 56 (1964), p. 581-589. Certas questões, que requerem outras investigações mais aprofundadas, foram confiadas, por mandado do Sumo Pontífice, a uma Comissão para o estudo da população, da família e da natalidade; uma vez terminados os seus trabalhos, o Sumo Pontífice pronunciará o seu juízo. No atual estado da doutrina do Magistério, o sagrado Concílio não pretende propor imediatamente soluções concretas.

unicamente em função dele, mas que estão sempre relacionadas com o eterno destino do homem.

O empenho de todos para o bem do Matrimônio e da família

52. A família é como que uma escola de valorização humana. Para que esteja em condições de alcançar a plenitude da sua vida e missão, exige, porém, a benévola comunhão de almas e comum acordo dos esposos, e a diligente cooperação dos pais na educação dos filhos. A presença ativa do pai contribui poderosamente para a formação destes; mas é preciso assegurar também a assistência ao lar por parte da mãe, da qual os filhos, sobretudo

A família é a escola da valorização humana. Mister se faz cuidar de sua promoção e progresso, afirma GS, n. 52. A missão de educar a prole é dos cônjuges, pai e mãe. Ademais, filhos e filhas sejam preparados para assumir sua vocação no mundo. A família é o fundamento da sociedade. Todos os que dela fazem parte, máxime as autoridades constituídas, hão de proteger a família, valorizá-la e cercá-la daqueles cuidados aptos a permitir que ela cumpra o seu dever primordial. Todos têm uma parte específica na missão da família: os cristãos com o seu exemplo e adesão fiel à Igreja, os cientistas possuem uma missão de esclarecer as dinâmicas que acompanham a formação e crescimento da vida, os sacerdotes com sua atitude pastoral e competente, as associações e grupos de casais e, enfim, os próprios esposos. O número conclui, uma vez mais, com uma profissão de fé cristológica. Os casais, "seguindo a Cristo, princípio de vida, se tornem, pela fidelidade do seu amor, através das alegrias e sacrifícios da sua vocação, testemunhas daquele mistério de amor que Deus revelou ao mundo com a sua morte e ressurreição".

os mais pequenos, têm tanta necessidade; sem descurar, aliás, a legítima promoção social da mulher. Os filhos sejam educados de modo a serem capazes, ao chegarem à idade adulta, de seguir com inteira responsabilidade a sua vocação, incluindo a sagrada, e escolher um estado de vida; e, se casarem, a poderem constituir uma família própria, em condições morais, sociais e econômicas favoráveis. Compete aos pais ou tutores guiar os jovens na constituição da família com prudentes conselhos que eles devem ouvir de bom grado; mas evitem cuidadosamente forçá-los, direta ou indiretamente, a casar-se ou a escolher o cônjuge.

A família, na qual se congregam as diferentes gerações que reciprocamente se ajudam a alcançar uma sabedoria mais plena e a conciliar os direitos pessoais com as outras exigências da vida social, constitui assim o fundamento da sociedade. E, por esta razão, todos aqueles que têm alguma influência nas comunidades e grupos sociais devem contribuir eficazmente para a promoção do Matrimônio e da família. A autoridade civil deve considerar como um dever sagrado reconhecer a sua verdadeira natureza, protegê-los e favorecê-los; assegurar a moralidade pública e favorecer a prosperidade doméstica. Deve salvaguardar-se o direito de os pais gerarem e educarem os filhos no seio da família. Protejam-se também e ajudem-se convenientemente, por meio de legislação previdente e com iniciativas várias, aqueles que por infelicidade estão privados do benefício de uma família.

Os cristãos, tirando bom proveito do tempo presente,[15] e distinguindo o que é eterno das formas passageiras, pro-

---

[15] Cf. Ef 5,16; Cl 4,5.

movam com empenho o bem do Matrimônio e da família, com o testemunho da própria vida e cooperando com os homens de boa vontade; desse modo, superando as dificuldades, proverão às necessidades e vantagens da família, de acordo com os novos tempos. Para alcançar este fim, muito ajudarão o sentir cristão dos fiéis, a retidão da consciência moral dos homens, bem como o saber e competência dos que se dedicam às ciências sagradas.

Os cientistas, particularmente os especialistas nas ciências biológicas, médicas, sociais e psicológicas, podem prestar um grande serviço para o bem do Matrimônio e da família se, juntando os seus esforços, procurarem esclarecer mais perfeitamente as condições de honesta regulação da procriação humana.

Cabe aos sacerdotes, devidamente informados acerca das realidades familiares, auxiliar a vocação dos esposos na sua vida conjugal e familiar por vários meios pastorais, com a pregação da Palavra de Deus, o culto litúrgico e outras ajudas espirituais; devem ainda fortalecê-los, com bondade e paciência, nas suas dificuldades e reconfortá-los com caridade, para que assim se formem famílias verdadeiramente serenas.

As diferentes obras, sobretudo as associações de famílias, procurem fortalecer com a doutrina e a ação os jovens e os próprios esposos, especialmente os recém-casados e formá-los para a vida familiar, social e apostólica.

Finalmente, os próprios esposos, feitos à imagem de Deus e estabelecidos numa dignidade verdadeiramente pessoal, estejam unidos em comunhão de afeto e de pensamento e com mútua santidade[16] de modo que, seguindo

---

[16] Cf. Sacramentarium Gregorianum; PL 78, 262.

a Cristo, princípio de vida,[17] se tornem, pela fidelidade do seu amor, através das alegrias e sacrifícios da sua vocação, testemunhas daquele mistério de amor que Deus revelou ao mundo com a sua morte e ressurreição.[18]

---

[17] Cf. Rm 5,15 e 18; 6,5-11; Gl 2,20.
[18] Cf. Ef 5,25-27.

Capítulo II
A promoção do progresso cultural

Introdução

53. É próprio da pessoa humana necessitar da cultura, isto é, de desenvolver os bens e valores da natureza, para chegar a uma autêntica e plena realização. Por isso, sempre que se trata da vida humana, natureza e cultura, encontram-se intimamente ligadas.

Capítulo II: O estudo da cultura, das culturas e da sua importância data justamente da segunda metade do século XX. Sem medo de errar, a Igreja entrou em cheio nessa dinâmica, que teve o seu ápice na proclamação da *Evangelii Nuntiandi* de Paulo VI. A *Gaudium et Spes* dedica todo um capítulo à cultura, a sua promoção e a missão dos cristãos com relação a ela. Dada a importância do assunto, o capítulo é dividido em três sessões: as condições da cultura, alguns princípios para a sua promoção e alguns deveres mais urgentes dos cristãos e cristãs concernente a ela. A *Gaudium et Spes* dedicou todo um capítulo à cultura, com o título "a promoção do progresso cultural".

O capítulo abre-se com o número 53, que afirma a interrelação de natureza humana e cultura. "A palavra 'cultura' — explicam os padres conciliares — indica, em geral, todas as coisas por meio das quais o homem apura e desenvolve as múltiplas capacidades do seu espírito e do seu corpo; se esforça por dominar, pelo estudo e pelo trabalho, o próprio mundo; torna mais humana, com o

A palavra "cultura" indica, em geral, todas as coisas por meio das quais o homem apura e desenvolve as múltiplas capacidades do seu espírito e do seu corpo; esforça-se por dominar, pelo estudo e pelo trabalho, o próprio mundo; torna mais humana, com o progresso dos costumes e das instituições, a vida social, quer na família quer na comunidade civil; e, finalmente, no decorrer do tempo, exprime, comunica aos outros e conserva nas suas obras as suas grandes experiências espirituais e aspirações, para que sejam de proveito a muitos e até a inteira humanidade.

Daqui se segue que a cultura humana implica necessariamente um aspecto histórico e social e que o termo "cultura" assume frequentemente um sentido sociológico e etnológico. É neste sentido que se fala da pluralidade das culturas. Com efeito, diferentes modos de usar das coisas, de trabalhar e de se exprimir, de praticar a religião e de formar os costumes, de estabelecer leis e instituições jurídicas, de desenvolver as ciências e as artes e de cultivar a beleza, dão origem a diferentes estilos de vida e diversas escalas de valores. E assim, a partir dos usos tradicionais, se constitui o patrimônio de cada comunidade humana.

---

progresso dos costumes e das instituições, a vida social, quer na família quer na comunidade civil; e, finalmente, no decorrer do tempo, exprime, comunica aos outros e conserva nas suas obras as suas grandes experiências espirituais e aspirações para que sejam de proveito a muitos e até a inteira humanidade". Dada a profunda diversidade dos seres humanos, falamos também de culturas, ou seja, as formas diversificadas de ser, de pensar e de agir dos seres humanos nas mais diversas situações e contextos de sua vida. A seguir, de 53 a 59, a *Gaudium et Spes* explicita e aprofunda esta definição.

Define-se também por este modo o meio histórico determinado no qual se integra o homem de qualquer raça ou época, e do qual tira os bens necessários para a promoção da civilização.

Seção I
Situação da cultura no mundo atual

Novos estilos de vida

54. As condições de vida do homem moderno sofreram tão profunda transformação no campo social e cultural, que é lícito falar de uma nova era da história humana.[1] Novos caminhos se abrem assim ao progresso e difusão da cultura, preparados pelo imenso avanço das ciências naturais, humanas e sociais, pelo desenvolvimento das técnicas e pelo progresso no aperfeiçoamento e coordenação dos meios de comunicação. Daqui provêm algumas notas características da cultura atual: as chamadas

---

[1]   Cf. Introdução, n. 4-10.

Primeira sessão: A sessão primeira tem como título "situação da cultura no mundo atual". Citando a própria GS, nn. 4-10, os padres conciliares afirmam que as transformações pelas quais passa o mundo deixa entrever estarmos diante de uma "nova era" da história humana. Mesmo sem falar em globalização, termo cunhado a partir da década de 1980, o Concílio antecipa ao afirmar que se prepara, com os novos estilos de vida — que é o subtítulo do número 54 — "progressivamente, um tipo mais universal de cultura humana, a qual tanto mais favorecerá e expressará a unidade do gênero humano, quanto melhor souber respeitar as peculiaridades das diversas culturas".

ciências exatas desenvolvem grandemente o sentido crítico; as recentes investigações psicológicas explicam mais profundamente a atividade humana; as disciplinas históricas contribuem muito para considerar as coisas sob o seu aspecto mutável e evolutivo; as maneiras de viver e os costumes tornam-se cada vez mais uniformes; a industrialização, a urbanização e outras causas que favorecem a vida comunitária criam novas formas de cultura de que resultam novas maneiras de sentir e de agir e de utilizar o tempo livre; o aumento de intercâmbio entre os vários povos e grupos sociais revela mais amplamente a todos e a cada um os tesouros das várias formas de cultura, preparando-se deste modo, progressivamente, um tipo mais universal de cultura humana, a qual tanto mais favorecerá e expressará a unidade do gênero humano, quanto melhor souber respeitar as peculiaridades das diversas culturas.

O homem artífice da sua cultura

55. Cresce cada vez mais o número dos homens e mulheres, de qualquer grupo ou nação, que têm consciência de serem os artífices e autores da cultura da própria comunidade. Aumenta também cada dia mais no mundo inteiro o sentido da autonomia e responsabilidade, o qual é de máxima importância para a maturidade espiritual e moral do gênero humano. O que aparece ainda mais claramente se tivermos diante dos olhos a unificação do mundo

---

Cresce hoje entre os homens e mulheres de nosso tempo a consciência de serem os autores da própria cultura (55). "Somos testemunhas do nascer de um novo humanismo, no qual o homem se define antes de tudo pela sua responsabilidade com relação aos seus irmãos e à história".

e o encargo que nos incumbe de construirmos um mundo melhor, na verdade e na justiça. Somos assim testemunhas do nascer de um novo humanismo, no qual o homem se define antes de tudo pela sua responsabilidade com relação aos seus irmãos e à história.

Dificuldades e tarefas

56. Nestas condições, não é de admirar que o homem, sentindo a responsabilidade que tem na promoção da cultura, alimente mais dilatadas esperanças, e ao mesmo tempo encare com inquietação as múltiplas antinomias existentes e que ele tem de resolver.

Que se deve fazer para que os frequentes contatos entre culturas, que deveriam levar os diferentes grupos e culturas a um diálogo verdadeiro e fecundo, não perturbem a vida das comunidades, ou subvertam a sabedoria dos antigos, ou ponham em perigo o gênio próprio de cada povo?

A fenomenologia deste humanismo, contudo, é ambivalente. Há uma verdadeira antinomia entre cultura e atuação do ser humano (56). As dilatadas esperanças que a consciência das descobertas traz choca-se com as inquietações diante dos problemas a serem resolvidos. Como fazer para a cultura progredir, sem ferir as legítimas tradições dos povos? Como harmonizar uma cultura nascida dum grande progresso das ciências e da técnica com a que se alimenta dos estudos clássicos das diversas tradições? Como conciliar a especialização com a contemplação que conduz à sabedoria? É possível conciliar a autonomia do progresso sem criar um humanismo agnóstico e mesmo hostil à religião? O desenvolvimento da cultura deve ser tal que ajude os homens no desempenho das tarefas a que todos, e sobretudo os cristãos, estão chamados, fraternalmente unidos numa única família humana.

Como fomentar o dinamismo e expansão da nova cultura, sem deixar perder a fidelidade viva à herança tradicional? Problema que se põe com particular acuidade quando se trata de harmonizar uma cultura nascida do grande progresso das ciências e da técnica com a que se alimenta dos estudos clássicos das diversas tradições.

Como conciliar a rápida e progressiva especialização das várias disciplinas com a necessidade de construir a sua síntese e ainda de conservar no homem a capacidade de contemplação e admiração que conduz à sabedoria?

Que fazer para que todos os homens no mundo participem dos bens culturais, uma vez que a cultura das elites se torna cada vez mais elevada e complexa?

De que maneira, enfim, reconhecer como legítima a autonomia que a cultura reclama para si, sem cair num humanismo meramente terreno ou até hostil à religião?

É preciso que, por entre todas estas antinomias, a cultura humana progrida hoje de tal modo, que desenvolva harmônica e integralmente a pessoa humana e ajude os homens no desempenho das tarefas a que todos, e sobretudo os cristãos, são chamados, fraternalmente unidos numa única família humana.

Seção II
Alguns princípios para a conveniente promoção da cultura

Fé e cultura

57. Os cristãos, a caminho da cidade celestial, devem buscar e saborear as coisas do alto.[2] Mas, com isso,

---

[2] Cf. Cl 3,1-2.

de modo algum diminui, antes aumenta, a importância do seu dever de colaborar com todos os outros homens na edificação de um mundo mais humano. E na verdade o mistério da fé cristã fornece-lhes valiosos estímulos e ajudas para cumprirem mais intensamente essa missão e sobretudo para descobrirem o pleno significado de tal atividade, pelo qual a cultura humana atinja o seu lugar privilegiado na vocação integral do homem.

Quando o homem, usando as mãos ou recorrendo à técnica, trabalha a terra para que ela produza frutos e se torne habitação digna para toda a humanidade, ou quando participa conscientemente na vida social dos diversos grupos, está realizando a vontade que Deus manifestou no começo dos tempos, de que dominasse a terra[3] e completasse

---

[3] Cf. Gn 1,28.

Segunda sessão: A segunda sessão, de 57 a 59, traz alguns princípios para a conveniente promoção da cultura.

Cidadão das cidades terrena e celeste (57), o crente é convidado, junto com os demais habitantes do mundo, a construir um mundo mais humano e justo. Realiza tal ação, seja por seu trabalho nas várias profissões manuais, seja naquelas atividades que envolvem especificamente sua inteligência e raciocínio, a fim de conduzir a um pensamento mais sublime. As atividades religiosas, por sua vez, elevam o espírito até o reconhecimento do Verbo de Deus, presente no mundo como luz que ilumina todos os seres. Por sua vez, as investigações das ciências e técnicas feitas fim a si próprias podem conduzir ao fenomenismo e agnosticismo. Enfim, as ciências e a técnica têm uma missão de humanização do mundo, criando condições de vida mais dignas para todos, máxime para os pobres e os carentes de cultura.

a obra da criação, ao mesmo tempo em que se vai aperfeiçoando a si mesmo; cumpre igualmente o mandamento de Cristo, de se consagrar ao serviço de seus irmãos.

Além disso, dedicando-se às várias disciplinas da história, filosofia, ciências matemáticas e naturais, e cultivando as artes, pode o homem ajudar muito a família humana a elevar-se a concepções mais sublimes da verdade, do bem e da beleza e a um juízo de valor universal, e ser assim luminosamente esclarecida por aquela admirável Sabedoria, que desde a eternidade estava junto de Deus, dispondo com ele todas as coisas, e encontrando as suas delícias entre os filhos dos homens.[4]

Pelo mesmo fato, o espírito do homem, mais liberto da escravidão das coisas, pode mais facilmente levantar-se ao culto e contemplação do Criador. Mais ainda, dispõe-se assim, sob o impulso da graça, a reconhecer o Verbo de Deus, o qual antes de se fazer homem para tudo salvar e em si recapitular já "estava no mundo", como "verdadeira luz que ilumina todo o homem" (Jo 1,9).[5]

O progresso hodierno das ciências e das técnicas que, em virtude do seu próprio método, não penetram até as causas últimas das coisas, pode sem dúvida dar azo a certo fenomenismo e agnosticismo, sempre que o método de investigação de que usam estas disciplinas se arvora indevidamente em norma suprema de toda a investigação da verdade. É mesmo de temer que o homem, fiando-se demasiadamente nas descobertas atuais, julgue que se basta a si mesmo e já não procure coisas mais altas.

Estas deploráveis manifestações não são, porém, consequências necessárias da cultura atual, nem nos devem

---

[4] Cf. Pr 8,30-31.

[5] Cf. Santo Ireneu, Adversus Haereses, III, 11, 8 (ed. Sagnard. p. 200); Cf. ibid. 16, 6: p. 290-292: 21, 10-22: p. 370-372; 22, 3: p. 378; etc.

fazer cair na tentação de desconhecer os seus valores positivos. Tais são, entre outros: o gosto das ciências e a exata objetividade nas investigações científicas; a necessidade de colaborar com os outros nas equipes técnicas: o sentido de solidariedade internacional; a consciência cada vez mais nítida da responsabilidade que os sábios têm de ajudar e até de proteger os homens; a vontade de tornar as condições de vida melhores para todos e especialmente para aqueles que sofrem da privação de responsabilidade ou de pobreza cultural. Tudo isto pode constituir certa preparação para a recepção da mensagem evangélica, preparação que pode ser enformada com a caridade divina por aquele que veio para salvar o mundo.

Múltiplos laços entre o Evangelho de Cristo e a cultura

58. Múltiplos laços existem entre a mensagem da salvação e a cultura humana. Deus, com efeito, revelando-se ao seu povo até a plena manifestação de si no Filho encarnado, falou segundo a cultura própria de cada época.

Do mesmo modo a Igreja, vivendo no decurso dos tempos em diversos condicionalismos, empregou os recursos das diversas culturas para fazer chegar a todas as

---

A mensagem de Deus (58) inculturou-se em um povo determinado. O Filho de Deus, por sua vez, fazendo-se homem, assumiu a cultura do seu povo e do seu tempo. A Igreja, por ele fundada, fez o Evangelho permear as culturas do seu tempo. Ainda hoje o Evangelho precisa fazer carne da carne dos homens, isto é, ser proclamado de acordo com as realidades dos ouvintes. O último parágrafo é uma síntese de exigência de inculturação: "A Boa-Nova de Cristo renova continuamente a vida e cultura do homem decaído, e combate e elimina os erros e males nascidos da permanente sedução e ameaça do pecado. Purifica sem cessar e eleva os costumes dos

gentes a mensagem de Cristo, para a explicar, investigar e penetrar mais profundamente e para lhe dar melhor expressão na celebração da liturgia e na vida da multiforme comunidade dos fiéis.

Mas, por outro lado, tendo sido enviada aos homens de todos os tempos e lugares, a Igreja não está exclusiva e indissoluvelmente ligada a nenhuma raça ou nação, a nenhum gênero de vida particular ou a um costume qualquer, antigo ou moderno. Aderindo à própria tradição e, ao mesmo tempo, consciente da sua missão universal, é capaz de entrar em comunicação com as diversas formas de cultura, com o que se enriquecem tanto a própria Igreja como essas várias culturas.

A Boa-Nova de Cristo renova continuamente a vida e a cultura do homem decaído e combate e elimina os erros e males nascidos da permanente sedução e ameaça do pecado. Purifica sem cessar e eleva os costumes dos povos. Fecunda, como que por dentro, com os tesouros do alto, as qualidades de espírito e os dotes de todos os povos e tempos; fortifica-os, aperfeiçoa-os e restaura-os em Cristo.[6] Deste modo, a Igreja, realizando a própria missão,[7] já com isso mesmo estimula e ajuda a cultura humana, e

---

[6] Cf. Ef 1,10.

[7] Cf. Palavras de Pio XII ao R.P.M.D. Roland-Gosselin: "É preciso não perder nunca de vista que o objetivo da Igreja é evangelizar e não civilizar. Se ela

---

povos. Fecunda, como que por dentro, com os tesouros do alto, as qualidades de espírito e os dotes de todos os povos e tempos; fortifica-os, aperfeiçoa-os e restaura-os em Cristo. Deste modo, a Igreja, realizando a própria missão, já com isso mesmo estimula e ajuda a cultura humana, e com a sua atividade, incluindo a liturgia, educa o homem à liberdade interior".

com a sua atividade, incluindo a liturgia, educa o homem à liberdade interior.

Harmonização dos diversos aspectos da cultura

59. Pelas razões aduzidas, a Igreja lembra a todos que a cultura deve orientar-se para a perfeição integral da pessoa humana, para o bem da comunidade e de toda a sociedade. Por isso, é necessário cultivar o espírito de modo a desenvolver-lhe a capacidade de admirar, de intuir, de contemplar, de formar um juízo pessoal e de cultivar o sentido religioso, moral e social.

Pois a cultura, uma vez que deriva imediatamente da natureza racional e social do homem, tem uma constante necessidade de justa liberdade e de legítima autonomia, de agir segundo os seus próprios princípios para se

---

civiliza, é pela evangelização" (Semanas Sociais Francesas, Versailles, 1936, p. 461-462).

O Concílio proclama a exigência de harmonia entre as diversas ordens humanas e culturais (59). A Igreja lembra a todos que a cultura deve orientar-se para o aperfeiçoamento da pessoa humana, da comunidade e da sociedade. Com efeito, a cultura, para se desenvolver, tem exigências de justa liberdade, de legítima autonomia e de agir segundo os seus próprios princípios. A cultura cresce quando as justas ordens que compõem a ciência respeitam os próprios princípios e não ousam ultrapassá-los. A *Gaudium et Spes* postula, enfim, a liberdade de pesquisa, de expressão, de comunicação, desde que sejam salvaguardados os princípios da moral e do bem comum. Pleiteando, uma vez mais, a liberdade da cultura, o Concílio conclui que de modo algum ela pode ser obrigada a servir interesses sociais, econômicos ou políticos

desenvolver. Com razão, pois, exige ser respeitada e goza de certa inviolabilidade, salvaguardados, evidentemente, os direitos da pessoa e da comunidade, particular ou universal, dentro dos limites do bem comum.

O sagrado Concílio, recordando o que ensinou o Primeiro Concílio do Vaticano, declara que existem "duas ordens de conhecimento" distintas, a da fé e a da razão, e que a Igreja de modo algum proíbe que "as artes e disciplinas humanas [...] usem de princípios e métodos próprios nos seus respectivos campos"; "reconhecendo esta justa liberdade", afirma por isso a legítima autonomia da cultura humana e sobretudo das ciências.[8]

Tudo isso requer também que, salvaguardada a ordem moral e o bem comum, o homem possa investigar livremente a verdade, expor e divulgar a sua opinião e dedicar-se a qualquer arte; isto postula, finalmente, que seja informado com verdade dos acontecimentos públicos.[9]

À autoridade pública não pertence, porém, determinar o caráter próprio das formas de cultura, mas assegurar as condições e medidas necessárias para o desenvolvimento cultural de todos, mesmo das minorias de alguma nação.[10] Deve, por isso, insistir-se, antes de tudo, para que a cultura, desviada do seu fim próprio, não seja obrigada a servir as forças políticas ou econômicas.

---

[8] Conc. Vat. I, Const. Dei Filius: Denz. 1795, 1799 (3015, 3019), Cf. Pio XI, Enc. Quadragesimo anno: AAS 23 (1931), p. 190.

[9] Cf. João XXIII, Enc. Pacem in terris: AAS 55 (1963), p. 260.

[10] Cf. João XXIII, Enc. Pacem in terris: AAS 55 (1963), p. 283; Pio XII, Radiomensagem, 24 dezembro 1941: AAS 34 (1942), p. 16-17. 11Cf. João XXIII, Enc. Pacem in terris: AAS 55 (1963), p. 260.

Seção III
Alguns deveres mais urgentes dos cristãos com relação à cultura

Reconhecimento de todos à cultura e à sua atuação

60. Dado que hoje há a possibilidade de libertar muitos homens da miséria da ignorância, é dever muito próprio do nosso tempo, principalmente para os cristãos, trabalhar energicamente para que, tanto no campo econômico como no político, no nacional como no internacional, se estabeleçam os princípios fundamentais segundo os quais se reconheça e se atue em toda a parte efetivamente o direito de todos à cultura correspondente à dignidade humana, sem discriminação de raças, sexo, nação, religião ou situação social. Pelo que a todos se deve procurar suficiente abundância de bens culturais, sobretudo daqueles que constituem a chamada educação de base, a fim de que muitos, por causa do analfabetismo e da privação de uma atividade responsável, não se vejam impedidos de contribuir para o bem comum de modo verdadeiramente humano.

Terceira sessão: A terceira sessão, dos números 60 a 62, trata de alguns deveres mais urgentes dos cristãos com relação à cultura.

O primeiro grande dever (60) é o reconhecimento do direito que todos têm à cultura. Isto implica reconhecer e atuar, em toda parte e efetivamente, o direito de todos à cultura correspondente à dignidade humana, sem discriminação de raça, sexo, nação, religião ou situação social. O Concílio fala do direito ao estudo, a um trabalho digno, à promoção da mulher... enfim, de ter uma vida mais humana e plena.

Deve tender-se, portanto, para que todos os que são disso capazes tenham a possibilidade de seguir estudos superiores; de modo que subam na sociedade às funções, cargos e serviços correspondentes às próprias aptidões ou à competência que adquiriram.[11] Desse modo, todos os homens e todos os agrupamentos sociais poderão chegar ao pleno desenvolvimento da sua vida cultural, segundo as qualidades e tradições próprias de cada um.

É preciso, além disso, trabalhar muito para que todos tomem consciência, não só do direito à cultura, mas também do dever que têm de se cultivar e de ajudar os outros nesse campo. Existem, com efeito, por vezes, condições de vida e de trabalho que impedem as aspirações culturais dos povos e destroem neles o desejo da cultura. Isto vale especialmente para os camponeses e os operários, aos quais se devem proporcionar condições de trabalho tais que não impeçam mas antes ajudem a sua cultura humana. As mulheres trabalham já em quase todos os setores de atividade; mas convém que possam exercer plenamente a sua participação, segundo a própria índole. Será um dever para todos reconhecer e fomentar a necessária e específica participação das mulheres na vida cultural.

Educação do homem a uma cultura integral

61. É mais difícil hoje do que outrora fazer uma síntese dos vários ramos do saber e das artes. Porque ao

---

[11] Cf. João XXIII, Enc. Pacem in terris: AAS 55 (1963), p. 260.

Mas, antes e acima de tudo, o Concílio fala de educação cultural integral do homem (61). Muitas são as possibilidades que o mundo de hoje oferece para um enriquecimento cultural, e a mesmo tempo em que aumenta a multidão e diversidade dos elementos que constituem a cultura, diminui para cada homem a possibilidade de os compreender e organizar; a figura do "homem universal" desaparece assim cada vez mais. No entanto, cada homem continua a ter o dever de salvaguardar a integridade da pessoa humana, na qual sobressaem os valores da inteligência, da vontade, da consciência e da fraternidade, valores que se fundam em Deus Criador e no Cristo foram admiravelmente curados e elevados.

A família é, prioritariamente, como que a mãe e a fonte desta educação: nela, os filhos, rodeados de amor, aprendem mais facilmente a reta ordem das coisas, enquanto formas culturais comprovadas vão penetrando como que naturalmente no espírito dos adolescentes, à medida que estes vão crescendo.

Para esta mesma educação existem nas sociedades hodiernas, sobretudo graças à crescente difusão dos livros e aos novos meios de comunicação cultural e social, possibilidades que podem favorecer a universalização da cultura. Com efeito, com a diminuição generalizada do tempo de trabalho, crescem progressivamente para muitos homens as facilidades para tal. O tempo livre seja bem empregado, para descanso do espírito e saúde psíquica e física; com atividades e estudos livremente escolhidos, viagens a outras regiões (turismo), com as quais se educa o espírito, e os homens se enriquecem com o conhecimento mútuo; e

---

Gaudium et Spes os cita abundantemente. Contudo, elas de nada valerão se não se procurar uma educação cultural integral, e, ao mesmo tempo, não se tiver o cuidado de investigar o significado profundo da cultura e da ciência para a pessoa humana.

também com exercícios e manifestações desportivas, que contribuem para manter o equilíbrio psíquico, também na comunidade, e para estabelecer relações fraternas entre os homens de todas as condições e nações, ou de raças diversas. Colaborem, portanto, os cristãos, a fim de que as manifestações e atividades culturais coletivas, características do nosso tempo, sejam penetradas de espírito humano e cristão.

Mas todas estas facilidades não conseguirão levar o homem à educação cultural integral se, ao mesmo tempo, não se tiver o cuidado de investigar o significado profundo da cultura e da ciência para a pessoa humana.

Conciliação entre cultura humana e ensino cristão

62. Ainda que a Igreja muito tenha contribuído para o progresso cultural, mostra, contudo, a experiência que, devido a causas contingentes, a harmonia da cultura com a doutrina cristã nem sempre se realiza sem dificuldades.

Tais dificuldades não são necessariamente danosas para a vida da fé; antes, podem levar o espírito a uma compreensão mais exata e mais profunda da mesma fé. Efetivamente, as recentes investigações e descobertas das

---

Por fim, o número 62 é uma grande análise da harmonia entre a cultura humana e a formação cristã. A *Gaudium et Spes* começa afirmando que a harmonia entre elas nem sempre é fácil. As descobertas científicas não são danosas à fé, mas exigem postulações diversificadas dos teólogos e pastoralistas. A comunidade cristã é convidada a reconhecer e dialogar com a literatura e a arte de seu tempo. Este número traz um parágrafo primoroso para tratar do diálogo harmonioso entre vida de fé e cultura. "Vivam, pois, os fiéis em estreita união com os demais homens do seu tempo

ciências, da história e da filosofia levantam novos problemas, que implicam consequências também para a vida e exigem dos teólogos novos estudos. Além disso, os teólogos são convidados a buscar constantemente, de acordo com os métodos e exigências próprios do conhecimento teológico, a forma mais adequada de comunicar a doutrina aos homens do seu tempo; porque uma coisa é o próprio depósito ou as verdades da fé, outra o modo pelo qual elas se enunciam, sempre, porém, com o mesmo sentido e significado.[12] Na atividade pastoral, conheçam-se e apliquem-se suficientemente, não apenas os princípios teológicos, mas também os dados das ciências profanas, principalmente da psicologia e sociologia, para que assim os fiéis sejam conduzidos a uma vida de fé mais pura e adulta.

A literatura e as artes são também, segundo a maneira que lhes é própria, de grande importância para a

---

[12] João XXIII, Discurso inaugural do Concílio, 11 outubro 1962: AAS 54 (1962), p. 792.

---

e procurem compreender perfeitamente o seu modo de pensar e sentir, qual se exprime pela cultura. Saibam conciliar os conhecimentos das novas ciências e doutrinas e das últimas descobertas com os costumes e doutrina cristã, a fim de que a prática religiosa e a retidão moral acompanhem neles o conhecimento científico e o progresso técnico e sejam capazes de apreciar e interpretar todas as coisas com autêntico sentido cristão". E, após tratar da investigação teológica nos seminários e centros de estudo cristão, a *Gaudium et Spes* fala da liberdade de pesquisa e expressão: "E para que possam desempenhar bem a sua tarefa, deve reconhecer-se aos fiéis, clérigos ou leigos, uma justa liberdade de investigação, de pensamento e de expressão da própria opinião, com humildade e fortaleza, nos domínios da sua competência".

vida da Igreja. Procuram elas dar expressão à natureza do homem, aos seus problemas e à experiência das suas tentativas para conhecer-se e aperfeiçoar-se a si mesmo e ao mundo; e tentam identificar a sua situação na história e no universo, dar a conhecer as suas misérias, e alegrias, necessidades e energias, e desvendar um futuro melhor. Conseguem assim elevar a vida humana, que se expressa de formas diferentes, segundo os tempos e lugares.

Por conseguinte, deve trabalhar-se por que os artistas se sintam compreendidos, na sua atividade, pela Igreja e que, gozando duma conveniente liberdade, tenham mais facilidade de contatos com a comunidade cristã. A Igreja deve também reconhecer as novas formas artísticas, que segundo o gênio próprio das várias nações e regiões se adaptam às exigências dos nossos contemporâneos. Serão admitidos nos templos quando, graças a uma linguagem conveniente e conforme com as exigências litúrgicas, elevam o espírito a Deus.[13]

Deste modo, o conhecimento de Deus é mais perfeitamente manifestado; a pregação evangélica torna-se mais compreensível ao espírito dos homens e aparece como que integrada nas suas condições normais de vida.

Vivam, pois, os fiéis em estreita união com os demais homens do seu tempo e procurem compreender perfeitamente o seu modo de pensar e sentir, qual se exprime pela cultura. Saibam conciliar os conhecimentos das novas ciências e doutrinas e das últimas descobertas com os costumes e doutrina cristã, a fim de que a prática religiosa e a retidão moral acompanhem neles o conhecimento

---

[13] Cf. Const. De Sacra Liturgia, n. 123: AAS 56 (1964), p. 131; Paulo VI, Discurso aos artistas romanos: AAS 56 (1964), p. 439-442.

científico e o progresso técnico e sejam capazes de apreciar e interpretar todas as coisas com autêntico sentido cristão.

Os que se dedicam às ciências teológicas nos Seminários e Universidades procurem colaborar com os especialistas de outros ramos do saber, pondo em comum trabalhos e conhecimentos. A investigação teológica deve simultaneamente procurar profundo conhecimento da verdade revelada e não descurar a ligação com o seu tempo, para que assim possa ajudar os homens formados nas diversas matérias a alcançar um conhecimento mais completo da fé. Esta colaboração de muitos ajudará a formação dos ministros sagrados. Estes poderão assim expor de maneira mais adequada aos homens do nosso tempo a doutrina da Igreja acerca de Deus, do homem e do mundo; e a sua palavra será por eles mais bem acolhida.[14] É mesmo de desejar que muitos leigos adquiram uma conveniente formação nas disciplinas sagradas e que muitos deles se consagrem expressamente a cultivar e aprofundar estes estudos. E para que possam desempenhar bem a sua tarefa, deve reconhecer-se aos fiéis, clérigos ou leigos, uma justa liberdade de investigação, de pensamento e de expressão da própria opinião, com humildade e fortaleza, nos domínios da sua competência.[15]

---

[14] Cf. Conc. Vat. II, Decreto De institutione sacerdotali e Declaração De educatione christiana.

[15] Cf. Const. dogm. Lumen gentium, cap. IV, n. 37: AAS 57 (1965), p. 42-43.

Capítulo III
A vida econômico-social

A vida econômica e alguns aspectos característicos

63. Também na vida econômica e social se devem respeitar e promover a dignidade e vocação integral da pessoa humana e o bem de toda a sociedade. Com efeito, o homem é o protagonista, o centro e o fim de toda a vida econômico-social.

Capítulo III: A vida econômica e social vai dos números 63 a 72, e abre com uma afirmação categórica (63): "Também na vida econômica e social se devem respeitar e promover a dignidade e a vocação integral da pessoa humana e o bem de toda a sociedade. Com efeito, o homem é o protagonista, o centro e o fim de toda a vida econômico-social". Estamos no início de um processo que culminará na globalização do final do século, bem como nos fracassos econômicos do início deste século. A *Gaudium et Spes* fala da multiplicação dos recursos econômicos, bem como no maior intercâmbio das riquezas e na crescente ação dos governos nesta expressão da atividade humana. Contudo, a *Gaudium et Spes* não deixa de frisar a extrema opulência de uns poucos e da pobreza e mesmo miséria estarrecedora de imensa maioria. Os desequilíbrios podem colocar em risco a própria paz mundial. Os homens e mulheres desse tempo têm consciência das reais possibilidades de mudanças, desde que se mudem também mentalidades e hábitos. E é nesse campo que o Concílio, acentuando os documentos já publicados, quer assumi-los e aprofundá-los.

A economia atual, de modo semelhante ao que sucede noutros campos da vida social, é caracterizada por um crescente domínio do homem sobre a natureza, pela multiplicação e intensificação das relações e mútua dependência entre os cidadãos, grupos e nações e, finalmente, por um mais frequente intervencionismo do poder político. Ao mesmo tempo, o progresso das técnicas de produção e o intercâmbio de bens e serviços fizeram da economia um instrumento capaz de prover mais satisfatoriamente às acrescidas necessidades da família humana.

Mas não faltam motivos de inquietação. Não poucos homens, com efeito, sobretudo nos países economicamente desenvolvidos, parecem dominados pela realidade econômica; toda a sua vida está penetrada por certo espírito economístico tanto nas nações favoráveis à economia coletivista como nas outras. No preciso momento em que o progresso da vida econômica permite mitigar as desigualdades sociais, se for dirigido e organizado de modo racional e humano, vemo-lo muitas vezes levar ao agravamento das mesmas desigualdades e até em algumas partes a uma regressão dos socialmente débeis e ao desprezo dos pobres. Enquanto multidões imensas carecem ainda do estritamente necessário, alguns, mesmo nas regiões menos desenvolvidas, vivem na opulência e na dissipação. Coexistem o luxo e a miséria. Enquanto um pequeno número dispõe dum grande poder de decisão, muitos estão quase inteiramente privados da possibilidade de agir por própria iniciativa e responsabilidade, e vivem e trabalham em condições indignas da pessoa humana.

Semelhantes desequilíbrios se verificam entre a agricultura, a indústria e os trabalhos servis bem como entre as diferentes regiões do mesmo país. Torna-se cada vez mais grave e pode pôr em risco a própria paz mundial, a oposição entre nações economicamente mais desenvolvidas e as outras.

Os nossos contemporâneos têm a consciência cada vez mais viva destas desigualdades, pois estão convencidos de que as maiores possibilidades técnicas e econômicas de que desfruta o mundo atual podem e devem corrigir este funesto estado de coisas. Mas, para tanto, requerem--se muitas reformas na vida econômico-social e uma mudança de mentalidade e de hábitos por parte de todos. Com esse fim a Igreja, no decurso dos séculos e sobretudo nos últimos tempos, formulou e proclamou à luz do Evangelho os princípios de justiça e equidade, postulados pela reta razão tanto para a vida individual e social como para a internacional. O sagrado Concílio pretende confirmar estes princípios, tendo em conta as condições do nosso tempo, e indicar algumas orientações, tendo presente antes de tudo as exigências do desenvolvimento econômico.[1]

Seção I
O desenvolvimento econômico

Desenvolvimento econômico a serviço do homem

64. Hoje, mais do que outrora, para fazer frente ao aumento populacional e satisfazer às crescentes aspirações do gênero humano, com razão se faz um esforço por

---

[1] Cf. Pio XII, Mensagem, 23 março 1952: AAS 44 (1952), p. 273; João XXIII Alocução à A. C. italiana 1 maio, 1959: AAS 51 (1959), p. 358.

Primeira sessão: O desenvolvimento econômico: O capítulo tem duas sessões. A primeira trata do desenvolvimento econômico (64-66). A segunta traz alguns princípios orientadores de toda a vida econômico-social (67-72).

aumentar a produção agrícola e industrial e a prestação de serviços. Deve, por isso, favorecer-se o progresso técnico, o espírito de inventiva, a criação e ampliação dos empreendimentos, a adaptação dos métodos e os esforços corajosos de todos os que participam na produção; numa palavra, todos os fatores que contribuem para tal desenvolvimento. Mas a finalidade fundamental da produção não é o mero aumento dos produtos, nem o lucro ou o poderio, mas o serviço do homem; do homem integral, isto é, tendo em conta a ordem das suas necessidades materiais e as exigências da sua vida intelectual, moral, espiritual e religiosa; de qualquer homem ou grupo de homens, de qualquer raça ou região do mundo. A atividade econômica deve regular-se segundo as leis e métodos próprios da economia, mas exercer-se dentro dos limites da ordem moral,[2] para que se cumpra o desígnio de Deus sobre o homem.[3]

---

[2] Cf. Pio XI, Enc. Quadragesimo anno: AAS 23 (1931), p. 190 s.; Pio XII, Mensagem, 23 março 1952: AAS 44 (1952), p. 276 s.; João XXIII, Enc. Mater et Magistra: AAS 53 (1961), p. 450; Conc. Vat. II, Decreto Inter mirifica, cap. In. 6: AAS 56 (1964), p. 147.

[3] Cf. Mt 16,26; Lc 16,1-31; Cl 3,17.

O desenvolvimento econômico como um todo, com suas exigências e leis, ocupa a primeira sessão (64-66). O Concílio coloca-o a serviço da pessoa humana (64). Há um aumento significativo da produção econômica, como exigência fundamental do estilo de vida da maioria da humanidade. A produção, contudo, não é finalidade em si própria. A razão de ser da produção é "o serviço do homem; do homem integral, isto é, tendo em conta a ordem das suas necessidades materiais e as exigências da sua vida intelectual, moral, espiritual e religiosa; de qualquer homem ou grupo de homens, de qualquer raça ou região do mundo".

O progresso econômico deve permanecer sob a direção do homem

65. O progresso econômico deve permanecer sob a direção do homem, e não se deve deixar entregue ao arbítrio de alguns poucos indivíduos ou grupos economicamente mais fortes, nem só da comunidade política ou de algumas nações mais poderosas. Pelo contrário, é necessário que, em todos os níveis, tenha parte na sua direção o maior número possível de homens, ou todas as nações, quando se trata de relações internacionais. De igual modo é necessário que as iniciativas dos indivíduos e das associações livres sejam coordenadas e organizadas harmonicamente com a atividade dos poderes públicos.

O desenvolvimento não se deve abandonar ao simples curso quase mecânico da atividade econômica dos particulares, ou à autoridade pública somente. Devem, por isso, denunciar-se como errôneas tanto as doutrinas que, a pretexto duma falsa liberdade, se opõem às necessárias reformas, como as que sacrificam os direitos fundamentais dos indivíduos e das associações à organização coletiva de produção.[4]

---

[4] Cf. Leão XIII, Enc. Libertas, em Acta Leonis XIII, t. VIII, p. 220 s.; Pio XI, Enc. Quadragesimo anno: AAS 23 (1931), p. 191 s.; ID., Enc. Divini Redemptoris: AAS 39 (1937), p. 65 s.; Pio XII, Mensagem natalícia 1941: AAS 34 (1942), p. 10 s.; João XXIII, Enc. Mater et Magistra: AAS 53 (1961), p. 401-464.

Há um controle para as atividades econômicas (65), e ela começa pelo ser humano. Não pode ficar ao arbítrio de grupos poderosos, de pessoas ou de países hegemônicos. O Concílio recusa as economias centralizadas, a oposição às reformas de uma economia participativa e válida para todos.

Lembrem-se, além disso, os cidadãos, de ser direito e dever seu, que o poder civil deve reconhecer, contribuir, na medida das próprias possibilidades, para o verdadeiro progresso da sua comunidade. Sobretudo nas regiões economicamente menos desenvolvidas, onde é urgente o emprego de todos os recursos disponíveis, fazem correr grave risco ao bem comum todos aqueles que conservam improdutivas as suas riquezas ou, salvo o direito pessoal de migração, privam a própria comunidade dos meios materiais ou espirituais de que necessita.

Eliminem-se as grandes desigualdades econômico-sociais

66. Para satisfazer às exigências da justiça e da equidade, é necessário esforçar-se energicamente para que, respeitando os direitos das pessoas e a índole própria de cada povo, se eliminem o mais depressa possível as grandes e por vezes crescentes desigualdades econômicas atualmente existentes, acompanhadas da discriminação individual e social. De igual modo, tendo em conta as especiais dificuldades da agricultura em muitas regiões, quer na produção, quer na comercialização dos produtos, é preciso ajudar os agricultores, no aumento e venda da produção, na introdução das necessárias transformações

---

A remoção das desigualdades econômicas entre indivíduos e grupos é a grande tarefa hodierna da atividade econômica (66). Trata-se, a seguir, da nova visão da agricultura a partir da década de 1960, das migrações internas e externas e das discriminações que sofrem. Não estão ausentes dos padres conciliares as problemáticas que começam a se impor: o desemprego com a série de situações dramáticas que ele enseja.

e inovações e na obtenção de um justo rendimento; para que não continuem a ser, como muitas vezes acontece, cidadãos de segunda categoria. Quanto aos agricultores, sobretudo os jovens, dediquem-se com empenho a desenvolver a própria competência profissional, sem a qual é impossível o progresso da agricultura.[5]

É também exigência da justiça e da equidade que a mobilidade, necessária para o progresso econômico, seja regulada de tal maneira que a vida dos indivíduos e das famílias não se torne insegura e precária. Deve, portanto, evitar-se cuidadosamente toda e qualquer espécie de discriminação quanto às condições de remuneração ou de trabalho com relação aos trabalhadores oriundos de outro país ou região, que contribuem com o seu trabalho para o desenvolvimento econômico da nação ou da província. Além disso, todos, e em primeiro lugar os poderes públicos, devem tratá-los como pessoas, e não como simples instrumentos de produção, ajudá-los para que possam trazer para junto de si a própria família e arranjar conveniente habitação, e favorecer a sua integração na vida social do povo ou da região que os acolhe. Porém, à medida do possível, criem-se fontes de trabalho nas suas próprias regiões.

Nas economias hoje em transformação, bem como nas novas formas de sociedade industrial, nas quais por exemplo a automação se vai impondo, deve ter-se o cuidado de que se proporcione a cada um trabalho suficiente e adaptado, juntamente com a possibilidade duma conveniente formação técnica e profissional; e garanta-se o sustento e a dignidade humana sobretudo àqueles que, por causa da doença ou da idade, têm maiores dificuldades.

---

[5] Quanto aos problemas da agricultura, cf. sobretudo João XXIII, Enc. Mater et Magistra: AAS 53 (1961), p. 341ss.

Seção II
Alguns princípios diretores de toda a vida econômico-social

Trabalho, condições de trabalho e tempo livre

67. O trabalho humano que se exerce na produção e na troca dos bens econômicos e na prestação de serviços sobreleva aos demais fatores da vida econômica, que apenas têm valor de meios.

Este trabalho, empreendido por conta própria ou ao serviço de outrem, procede imediatamente da pessoa, a qual como que marca com o seu selo as coisas da natureza, e as sujeita ao seu domínio. É com o seu trabalho que o homem sustenta, de ordinário, a própria vida e a dos seus; por meio dele se une e serve aos seus irmãos, pode exercitar uma caridade autêntica e colaborar no acabamento da criação divina. Mais ainda: sabemos que, oferecendo a Deus o seu trabalho, o homem se associa à obra redentora de Cristo, o qual conferiu ao trabalho uma dignidade sublime, trabalhando com as suas próprias mãos em Nazaré. Daí nasce para cada um o dever de trabalhar fielmente, e também o direito ao trabalho; à sociedade cabe, por sua parte, ajudar em quanto possa, segundo as circunstâncias vigentes, os cidadãos para que possam encontrar

---

Segunda sessão: A segunda sessão trata de alguns princípios orientadores de toda a vida econômico-social. Começa dando orientações para o trabalho, as suas condições e o descanso (67). Há uma série de afirmações sobre o valor do trabalho. Ele é sustento, comunhão, razão de remuneração, realização... Acena o trabalho da doméstica, a necessidade de preparo para executá-lo.

oportunidade de trabalho suficiente. Finalmente, tendo em conta as funções e produtividade de cada um, bem como a situação da empresa e o bem comum,[6] o trabalho deve ser remunerado de maneira a dar ao homem a possibilidade de cultivar dignamente a própria vida material, social, cultural e espiritual e a dos seus.

Dado que a atividade econômica é, na maior parte dos casos, fruto do trabalho associado dos homens, é injusto e desumano organizá-la e dispô-la de tal modo que isso redunde em prejuízo para os que trabalham. Ora acontece frequentemente, também nos nossos dias, que os que trabalham estão de algum modo escravizados à própria atividade. Isto não encontra justificação alguma nas chamadas leis econômicas. É preciso, portanto, adaptar todo o processo do trabalho produtivo às necessidades da pessoa e às suas formas de vida; primeiro que tudo da doméstica, especialmente no que se refere às mães, e tendo sempre em conta o sexo e a idade. Proporcione-se, além disso, aos trabalhadores a possibilidade de desenvolver, na execução do próprio trabalho, as suas qualidades e personalidade. Ao mesmo tempo em que aplicam responsavelmente a esta execução o seu tempo e forças, gozem, porém, todos de suficiente descanso e tempo livre para atender à vida familiar, cultural, social e religiosa. Tenham mesmo oportunidade de desenvolver livremente as energias e capacidades que talvez pouco possam exercitar no seu trabalho profissional.

---

[6] Cf. Leão XIII, Enc. Rerum Novarum: AAS 23 (1890-1891), p. 649-662; Pio XI, Enc. Quadragesimo anno: AAS 23 (1931), p. 200-201; ID., Enc. Divini Redemptoris: AAS 29 (1937), p. 92; Pio XII, Radiomensagem na vigília do Natal de 1942: AAS 35 (1943), p. 20; ID., Alocução 13 junho 1943: AAS 35 (1943), p. 172; ID., Radiomensagem aos operários espanhóis 11 março 1951: AAS 43 (1951), p. 215; João XXIII, Enc. Mater et Magistra: AAS 53 (1961), p. 419.

Participação na empresa e na gestão econômica geral; conflitos de trabalho

68. Nas empresas econômicas, associam-se pessoas, isto é, homens livres e autônomos, criados à imagem de Deus. Por isso, tendo em conta as funções de cada um, proprietários, empresários, dirigentes ou operários, e salva a necessária unidade de direção, promova-se, segundo modalidades a determinar convenientemente, a participação ativa de todos na gestão das empresas.[7] E dado que frequentemente não é na empresa mas num nível mais alto de instituições superiores que se tomam as decisões econômicas e sociais de que depende o futuro dos trabalhadores e de seus filhos, eles devem participar também no estabelecimento dessas decisões, por si ou por delegados livremente eleitos.

Entre os direitos fundamentais da pessoa humana deve contar-se o de os trabalhadores criarem livremente associações que os possam representar autenticamente e contribuir para a reta ordenação da vida econômica; e ainda o direito de participar, livremente, sem risco de represálias, na atividade delas. Graças a esta ordenada participação,

---

[7] Cf. João XXIII, Enc. Mater et Magistra: AAS 53 (1961), p. 408, 424, 427; a palavra "curatione" foi tirada do texto latino da Enc. Quadragesimo anno: AAS 23 (1931), p. 199. Sob o aspecto da evolução desta questão, cf. também Pio XII, Alocução 3 junho 1950: AAS 42 (1950), p. 485-488; Paulo VI, Alocução 8 junho 1964. AAS 56 (1964), p. 574-579.

Os padres conciliares tratam, a seguir (68), da participação dos trabalhadores na empresa, bem como a criação de instituições aptas a defendê-los e promover o seu bem. O direito de greve é admitido, mas a superação dos conflitos deve ser feita no diálogo franco e sincero das partes.

junto com uma progressiva formação econômica e social, aumentará cada vez mais em todos a consciência da própria função e responsabilidade; ela os levará a sentirem-se associados, segundo as próprias possibilidades e aptidões, a todo o trabalho de desenvolvimento econômico e social e à realização do bem comum universal.

Quando, porém, surgem conflitos econômico-sociais, devem fazer-se esforços para que se chegue a uma solução pacífica deles. Mas, ainda que antes de mais se deva recorrer ao sincero diálogo entre as partes, todavia, a greve pode ainda constituir, também nas atuais circunstâncias, um meio necessário, embora extremo, para defender os próprios direitos e alcançar as justas reivindicações dos trabalhadores. Mas procure-se retomar o mais depressa possível o caminho da negociação e da conciliação dialogada.

Os bens da terra e sua destinação a todos os homens

69. Deus destinou a terra com tudo o que ela contém para uso de todos os homens e povos; de modo que os bens criados devem chegar equitativamente às mãos de todos, segundo a justiça, secundada pela caridade.[8]

---

[8] Cf. Pio XII, Enc. Sertum laetitiae: AAS 31 (1939), p. 642; João XXIII, Alocução consistorial: AAS 52 (1960), p. 5-11; ID., Enc. Mater et Magistra: AAS 53 (1961), p. 411.

A terra foi destinada pelo Criador para que fornecesse bens a todos, equitativamente (69). É o destino universal de todos os bens. Sejam quais forem as formas de propriedade que os povos cultivem, todos têm o direito do próprio quinhão para sustentar dignamente suas famílias. E sendo imensas as filas dos famintos, a *Gaudium et Spes* relembra a frase dos Padres da Igreja: "Alimenta

Sejam quais forem as formas da propriedade, conforme às legítimas instituições dos povos e segundo as diferentes e mutáveis circunstâncias, deve-se sempre atender a este destino universal dos bens. Por esta razão, o homem que usa desses bens não deve considerar as coisas exteriores que legitimamente possui só como próprias, mas também como comuns, no sentido de que possam beneficiar não só a si mas também aos outros.[9] Além disso, todos têm o direito de ter uma parte de bens suficientes para si e suas famílias. Assim pensaram os Padres e Doutores da Igreja, ensinando que os homens têm obrigação de auxiliar os pobres e não apenas com os bens supérfluos.[10] Aquele,

---

[9] Cf. Santo Tomás, Summa Theol. II-II q. 32, a. 5 ad 2; Ibid. q. 66, a. 2; cf. explicação em Leão XIII, Enc. Rerum Novarum: AAS 23 (1890-1891), p. 651; Cf. também Pio XII, Alocução 1 junho 1941: AAS 33 (1941), p. 199; ID., Radiomensagem natalícia em 1954; AAS 47 (1955), p. 27.

[10] Cf. São Basílio, Hom. in illud Lucae "Destruam horrea mea", n. 2: PG 31, 263; Lactâncio, Divinarum institutionum, C. V. de iustitia: PL 6, 565 B; Santo Agostinho, In Joan. Ev. tr. 50, n. 6: PL 35, 1760; ID., Enarratio in Ps. CXLVII, 12: PL 37, 192; São Gregório M., Homiliae in Ev. hom. 20: PL 76 1165; ID., Regulae Pastoralis liber, parte III, cap. 21: PL 77, 87; São Boaventura, In III Sent., d. 33, dub. 1 (ed. Quaeracchi III, 728); ID., In IV Sent. d. 15, p. II, a. 2, q. 1 (ed. cit. IV, 371 b); q. de supérfluo (ms da Bibl. mun. de Assis, 186, ff. 112°-113°); Santo Alberto Magno, In III Sent., d. 33, a. 3, sol. 1 (ed. Borgnet XXVIII, 611); ID., In IV Sent., d. 15, a. 16 (ed. cit. XXIX, 494497). Quanto à determinação do supérfluo atualmente, cf. João XXIII, Mensagem radiotelevisiva, 11 setembro 1962: AAS 54 (1962), p. 682: "Dever de cada homem, dever urgente do cristão é considerar o supérfluo com a medida das necessidades alheias, e de vigiar que a administração e a distribuição dos bens criados sejam dispostos para vantagem de todos".

---

o que padece fome, porque, se o não alimentares, o matas". A *Gaudium et Spes* relembra costumes que levavam a uma partilha de todos em todos os bens. Fala, ademais, dos serviços sociais que os países costumam ter para atender os mais necessitados. Chama, contudo, a atenção para que esta distribuição não favoreça a falta de interesse para o trabalho e a passividade em só receber.

porém, que se encontra em extrema necessidade tem direito a tomar, dos bens dos outros, o que necessita.[11] Sendo tão° numerosos os que no mundo padecem fome, o sagrado Concílio insiste com todos, indivíduos e autoridades, para que, recordados daquela palavra dos Padres: "Alimenta o que padece fome, porque, se não o alimentares, o matas",[12] repartam realmente e usem os seus bens, cada um segundo os próprios recursos, procurando sobretudo prover esses indivíduos e povos daqueles auxílios que lhes permitam ajudar-se e desenvolver-se a si mesmos.

Nas sociedades economicamente menos desenvolvidas, o destino comum dos bens é frequentes vezes parcialmente atendido graças a costumes e tradições próprias da comunidade, que asseguram a cada membro os bens indispensáveis. Mas deve evitar-se considerar certos costumes como absolutamente imutáveis, se já não correspondem às exigências do tempo atual; por outro lado, não se proceda imprudentemente contra os costumes honestos, que, uma vez convenientemente adaptados às circunstâncias atuais, continuam a ser muito úteis. De modo análogo, nas nações muito desenvolvidas economicamente, um conjunto de instituições sociais de previdência e seguro pode constituir uma realização parcial do destino comum dos bens. Deve prosseguir-se o desenvolvimento dos serviços familiares e sociais, sobretudo daqueles que atendem à cultura e educação. Na organização de todas

---

[11] Nesse caso, vale o antigo princípio: "na necessidade extrema, todas as coisas são comuns, isto é, todas as coisas devem ser tornadas comuns". Por outro lado, segundo o modo, extensão e medida em que se aplica o princípio no texto, aduzido, além dos autores modernos aprovados: cf. Santo Tomás, Summa Theol. II-II, q. 66, a. 7. É claro que para a reta aplicação do princípio todas as condições moralmente exigidas devem ser respeitadas.

[12] Cf. Decr. Gratiani. C. 21, d. LXXXVI (ed. Friedberg I, 302). Este dito encontra-se já em PL 54, 59, A cf. Antonianum 27 (1952), p. 349-366.

estas instituições deve, porém, atender-se a que os cidadãos não sejam levados a certa passividade com relação à sociedade ou à irresponsabilidade nas tarefas assumidas e à recusa de serviço.

Investimentos e moeda

70. Os investimentos, por sua parte, devem tender a assegurar empregos e rendimentos suficientes, tanto para a população atual como para a de amanhã. Todos os que decidem por estes investimentos e pela organização da vida econômica — indivíduos, grupos ou poderes públicos —, devem ter presentes estes fins e reconhecer a grave obrigação que têm de vigiar para que se assegurem os requisitos necessários a uma vida digna dos indivíduos e de toda a comunidade; e, ainda, de prever o futuro e garantir um são equilíbrio entre as necessidades do consumo hodierno, individual e coletivo, e as exigências de investimento para a geração futura. Tenham-se sempre também em conta as necessidades urgentes das nações ou regiões economicamente menos desenvolvidas. Em matéria de política monetária, evite-se prejudicar o bem quer da própria nação quer das outras. E tomem-se providências para que os economicamente débeis não sofram injusto prejuízo com as mudanças de valor do dinheiro.

Nem falta uma palavra sobre investimentos e destino universal dos bens (70). Estamos no início de uma caminhada econômica que conduzirá à economia virtual, fonte de tantas injustiças e misérias. E o Concílio adverte: "Em matéria de política monetária, evite-se prejudicar o bem quer da própria nação quer das outras. E tomem-se providências para que os economicamente débeis não sofram injusto prejuízo com as mudanças de valor do dinheiro".

Acesso à propriedade e domínio privado dos bens; problema dos latifúndios

71. Dado que a propriedade e as outras formas de domínio privado dos bens externos contribuem para a expressão da pessoa e lhe dão ocasião de exercer a própria função na sociedade e na economia, é de grande importância que se fomente o acesso dos indivíduos e grupos a certo domínio desses bens.

A propriedade privada ou certo domínio sobre os bens externos asseguram a cada um a indispensável esfera de autonomia pessoal e familiar, e devem ser considerados como que uma extensão da liberdade humana. Finalmente, como estimulam o exercício da responsabilidade, constituem uma das condições das liberdades civis.[13]

As formas desse domínio ou propriedade são atualmente variadas e cada dia se diversificam mais. Mas todas continuam a ser, apesar dos fundos sociais e dos direitos e

---

[13] Cf. Leão XIII, Enc. Rerum Novarum: AAS 23 (1890-1891), p. 643-646; Pio XI, Enc. Quadragesimo anno: AAS 23 (1931), p. 191; Pio XII, Radiomensagem 1 junho 1941: AAS 33 (1941), p. 199; ID., Radiomensagem na vigília de Natal 1942: AAS 35 (1943), p. 17; ID., Radiomensagem, 1 setembro 1944: AAS 36 (1944), p. 253; João XXIII, Enc. Mater et Magistra: AAS 53 (1961), p. 428-429.

Ter acesso à propriedade e a certo conjunto de bens, aptos a sustentar dignamente a própria vida e a de seus familiares é de fundamental importância (71). Contudo entre propriedade privada e bem comum não há antinomia. Pode haver momentos conflitivos, mas uma não pode subverter nem superar a outra. À autoridade pública compete impedir o abuso da propriedade privada em detrimento do bem comum. É bom lembrar do destino social dos bens e da propriedade desses bens. O parágrafo final fala dos latifúndios não cultivados e da miséria que geram.

serviços assegurados pela sociedade, um fator não desprezível de segurança. O que se deve dizer não só dos bens materiais, mas também dos imateriais, como é a capacidade profissional.

No entanto, o direito de propriedade particular não é incompatível com o das várias formas legítimas de propriedade pública. Quanto à apropriação pública dos bens, ela só pode ser levada a cabo pela legítima autoridade, segundo as exigências e dentro dos limites do bem comum, e mediante uma compensação equitativa. Compete, além disso, à autoridade pública impedir que alguém abuse da propriedade particular em detrimento do bem comum.[14]

Ademais, a mesma propriedade particular é de índole social, fundada na lei do destino comum dos bens.[15] O desprezo deste caráter social é muitas vezes ocasião de cobiças e de graves desordens, chegando mesmo a fornecer um pretexto para os que contestam esse próprio direito.

Em muitas regiões economicamente menos desenvolvidas, existem grandes e até vastíssimas propriedades rústicas, fracamente cultivadas ou até deixadas totalmente incultas com intentos especulativos, enquanto a maior parte do povo não tem terras ou apenas possui pequenas áreas de campo e, por outro lado, o aumento da produção agrícola apresenta um evidente caráter de urgência. Não raro, os que são contratados a trabalhar pelos proprietários ou exploram, em regime de arrendamento, uma parte das propriedades, apenas recebem um salário ou um rendimento indigno de um homem, carecem de habitação

---

[14] Cf. Pio XI, Enc. Quadragesimo anno: AAS 23 (1931), p. 214; João XXIII, Enc. Mater et Magistra: AAS 53 (1961), p. 429.

[15] Cf. Pio XII, Radiomensagem, Pentecostes 1941: AAS 44 (1941), p. 199. João XXIII, Enc. Mater et Magistra: AAS 53 (1961), p. 430.

decente e são explorados pelos intermediários. Desprovidos de qualquer segurança, vivem num tal regime de dependência pessoal que perdem quase por completo a capacidade de iniciativa e responsabilidade e lhes está impedida toda e qualquer promoção cultural ou participação na vida social e política. Impõem-se, portanto, reformas necessárias, segundo os vários casos: para aumentar os rendimentos, corrigir as condições de trabalho, reforçar a segurança do emprego, estimular a iniciativa e, mesmo, para distribuir terras não suficientemente cultivadas àqueles que as possam tornar produtivas. Neste último caso, devem assegurar-se os bens e meios necessários, sobretudo de educação e possibilidades duma adequada organização cooperativa. Sempre, porém, que o bem comum exigir a expropriação, a compensação deve ser equitativamente calculada, tendo em conta todas as circunstâncias.

Atividade econômico-social e reino de Cristo

72. Os cristãos que desempenham parte ativa no atual desenvolvimento econômico-social e lutam pela justiça e pela caridade estejam convencidos de que podem contribuir muito para o bem da humanidade e paz do mundo. Em todas estas atividades, quer sozinhos quer associados, sejam de exemplo a todos. Adquirindo a competência e experiência absolutamente indispensáveis, respeitem a devida hierarquia entre as atividades terrenas, fiéis a Cristo

---

Finalmente o Concílio associa a atividade econômica ao Reino de Deus (72). Chama a atenção dos cristãos e cristãs para a obrigação de pautarem a própria vida segundo as diretrizes do Evangelho, respeitando a hierarquia dos bens terrenos e dos bens espirituais.

e ao seu Evangelho, de maneira a que toda a sua vida, tanto individual como social, seja penetrada do espírito das bem-aventuranças, e especialmente do espírito de pobreza. Todo aquele que, obedecendo a Cristo, busca primeiramente o Reino de Deus, recebe daí um amor mais forte e mais puro, para ajudar os seus irmãos e realizar, sob o impulso da caridade, a obra da justiça.[16]

---

[16] Para o reto uso dos bens segundo a doutrina do Novo Testamento, cf. Lc 3,11; 10,30 s.: 11,41; 1 Pd 5,3; Mc 8,36; 12,30-31; Tt 5,1-6; 1 Tm 6,8; Ef 4,28; 2 Cor 8,13; 1Jo 3,17-18.

Capítulo IV
A vida da comunidade política

A vida pública contemporânea

73. Profundas transformações se verificam nos nossos dias também nas estruturas e instituições dos povos, em consequência da sua evolução cultural, econômica e social; pois todas estas transformações têm grande influência na vida da comunidade política, especialmente no que se refere aos direitos e deveres de cada um no exercício da liberdade cívica, na promoção do bem comum e

---

Capítulo IV: O quarto capítulo desta segunda parte trata da vida da comunidade política (73-76). No número 73 a *Gaudium et Spes* faz uma leitura epocal da comunidade política da década de 1960. Afirma que as mudanças econômico-sociais produzem igualmente mudanças na organização política das pessoas individualmente tomadas, dos países e no intercâmbio dos povos do mundo. A consciência mais sentida da dignidade humana cria o desejo de instaurar uma ordem político-jurídica em que os direitos da pessoa na vida pública sejam mais bem assegurados, tais como os direitos de livre reunião e associação, de expressão das próprias opiniões e de profissão privada e pública da religião. Cresce o desejo de maior participação na vida política, de cuidar das minorias, de assumir as responsabilidades. Faz ainda o Concílio uma condenação das políticas totalitárias, com todas as suas consequências.

na estruturação das relações dos cidadãos entre si e com o poder público.

A consciência mais sentida da dignidade humana dá origem em diversas regiões do mundo ao desejo de instaurar uma ordem político-jurídica em que os direitos da pessoa na vida pública sejam mais bem assegurados, tais como os direitos de livre reunião e associação, de expressão das próprias opiniões e de profissão privada e pública da religião. A salvaguarda dos direitos da pessoa é, com efeito, uma condição necessária para que os cidadãos, quer individualmente quer em grupo, possam participar ativamente na vida e gestão da coisa pública.

Paralelamente com o progresso cultural, econômico e social, cresce em muitos o desejo de tomar maior parte na direção da vida política. Aumenta na consciência de muitos o empenho em assegurar os direitos das minorias, sem esquecer de resto os seus deveres para com a comunidade política; cresce, além disso, cada dia, o respeito pelos homens que professam ideias ou religião diferentes; e estabelece-se ao mesmo tempo uma colaboração mais ampla, a fim de que todos os cidadãos, e não apenas alguns privilegiados, possam gozar realmente dos direitos da pessoa.

Condenam-se, pelo contrário, todas as formas políticas, existentes em algumas regiões, que impedem a liberdade civil ou religiosa, multiplicam as vítimas das paixões e dos crimes políticos e desviam do bem comum o exercício da autoridade, em benefício de alguma facção ou dos próprios governantes.

Para estabelecer uma vida política verdadeiramente humana, nada melhor do que fomentar sentimentos interiores de justiça e benevolência e de serviço do bem comum e reforçar as convicções fundamentais acerca da verdadeira natureza da comunidade política e do fim, reto exercício e os limites da autoridade.

Natureza e fim da comunidade política

74. Os indivíduos, as famílias e os diferentes grupos que constituem a sociedade civil, têm consciência da própria insuficiência para realizar uma vida plenamente humana e percebem a necessidade de uma comunidade mais ampla, no seio da qual todos conjuguem diariamente as próprias forças para sempre melhor promoverem o bem comum.[1] E por esta razão constituem, segundo diversas formas, a comunidade política. A comunidade política existe, portanto, em vista do bem comum; nele encontra a sua completa justificação e significado e dele deriva o seu direito natural e próprio. Quanto ao bem comum, ele compreende o conjunto das condições de vida social que permitem aos indivíduos, famílias e associações alcançar mais plena e facilmente a própria perfeição.[2]

---

[1] Cf. João XXIII, Enc. Mater et Magistra: AAS 53, (1961), p. 417.
[2] Cf. id., ibid.

A comunidade política existe em força do bem comum (74), ou seja, do conjunto das condições de vida social que permitem aos indivíduos, famílias e associações alcançar mais plena e facilmente a própria perfeição. Para que não se desviem das finalidades do bem comum, há o serviço da autoridade, que não pode agir despoticamente. Ela própria há de se sujeitar aos ditames do bem comum. Daí decorre a responsabilidade, dignidade e importância dos que governam. A sua principal ação é dedicar-se à formação de homens cultos, pacíficos e benévolos para com todos, em proveito de toda a família humana.

Porém, os homens que se reúnem na comunidade política são muitos e diferentes, e podem legitimamente divergir de opinião. E assim, para impedir que a comunidade política se desagregue ao seguir cada um o próprio parecer, requer-se uma autoridade que faça convergir para o bem comum as energias de todos os cidadãos; não de maneira mecânica ou despótica, mas sobretudo como força moral, que se apoia na liberdade e na consciência do próprio dever e no sentido de responsabilidade.

É claro, portanto, que a comunidade política e a autoridade pública se fundam na natureza humana e que, por conseguinte, pertencem à ordem estabelecida por Deus, embora a determinação do regime político e a designação dos governantes se deixem à livre vontade dos cidadãos.[3]

Segue-se também que o exercício da autoridade política, seja na comunidade como tal, seja nos organismos que representam o Estado, se deve sempre desenvolver e atuar dentro dos limites da ordem moral, em vista do bem comum, dinamicamente concebido, de acordo com a ordem jurídica legitimamente estabelecida ou a estabelecer. Nestas condições, os cidadãos têm obrigação moral de obedecer.[4] Daqui a responsabilidade, dignidade e importância dos que governam.

Mas quando a autoridade pública, excedendo os limites da própria competência, oprime os cidadãos, estes não se recusem às exigências objetivas do bem comum; mas é-lhes lícito, dentro dos limites definidos pela lei natural e o Evangelho, defender os próprios direitos e os dos seus concidadãos, contra o abuso desta autoridade.

---

[3]   Cf. Rm 13,1-5.

[4]   Cf. Rm 13,5.

Os modos concretos como a comunidade política organiza a própria estrutura e o equilíbrio dos poderes públicos podem variar, segundo a diferente índole e o progresso histórico dos povos; mas devem sempre ordenar-se à formação de homens cultos, pacíficos e benévolos para com todos, em proveito de toda a família humana.

Colaboração de todos na vida pública

75. É plenamente conforme com a natureza do homem que se encontrem estruturas jurídico-políticas nas quais todos os cidadãos tenham a possibilidade efetiva de participar livre e ativamente, de modo cada vez mais perfeito e sem qualquer discriminação, tanto no estabelecimento das bases jurídicas da comunidade política, como na gestão da coisa pública e na determinação do campo e fim das várias instituições e na escolha dos governantes.[5] Todos os

---

[5] Cf. Pio XII, Radiomensagem, 24 dezembro 1942: AAS 35 (1943), p. 9-24; 24 dezembro 1944: AAS 37 (1945), p. 11-17; João XXIII, Enc. Pacem in terris: AAS 55 (1963), p. 263, 271, 277, 278.

A comunidade política exige a colaboração de todos (75). A primeira e grande colaboração é o direito do voto. Ademais, uma sociedade não funciona plenamente sem uma ordenação jurídica que salvaguarde os direitos individuais, das famílias, do grupos humanos e da nação como um todo. Embora não se negue às autoridades o poder — e até mesmo o dever — de interferir na vida política e dos cidadãos, isto não se faça de modo autoritário, ditatorial e de privação dos direitos fundamentais. O amor à pátria faz parte deste serviço. Este contudo não descambe em partidarismo nem em xenofobia. Por fim, relembra a *Gaudium et Spes* a função dos partidos políticos, bem como da educação cívico-política das populações, máxime dos jovens.

cidadãos se lembrem, portanto, do direito e simultaneamente do dever que têm de fazer uso do seu voto livre em vista da promoção do bem comum. A Igreja louva e aprecia o trabalho de quantos se dedicam ao bem da nação e tomam sobre si o peso de tal cargo, em serviço dos homens.

Para que a cooperação responsável dos cidadãos leve a felizes resultados na vida pública de todos os dias, é necessário que haja uma ordem jurídica positiva, que estabeleça conveniente divisão das funções e dos órgãos da autoridade pública e ao mesmo tempo uma proteção de direito eficaz e plenamente independente de qualquer que seja. Juntamente com os deveres a que todos os cidadãos estão obrigados, sejam reconhecidos, assegurados e fomentados[6] os direitos das pessoas, famílias e grupos sociais, bem como o seu exercício. Entre aqueles é preciso recordar o dever de prestar à nação os serviços materiais e pessoais que são requeridos pelo bem comum. Os governantes tenham o cuidado de não impedir as associações familiares, sociais ou culturais e os corpos ou organismos intermédios, nem os privem da sua atividade legítima e eficaz; pelo contrário procurem de bom grado promovê-lo ordenadamente. Evitem, por isso, os cidadãos, quer individual, quer associativamente, conceder à autoridade um poder excessivo, nem esperem dela, de modo inoportuno, demasiadas vantagens e facilidades, correndo o risco de diminuir a responsabilidade das pessoas, das famílias e dos grupos sociais.

A crescente complexidade das atuais circunstâncias força com frequência o poder público a intervir nos assuntos sociais, econômicos e culturais, com o fim de

---

[6] Cf. Pio XII Radiomensagem, 7 junho 1941: AAS 33 (1941), p. 200; João XXIII, Enc. Pacem in terris: l. c., p. 273, 274.

introduzir condições mais favoráveis em que os cidadãos e grupos possam livremente e com mais eficácia promover o bem humano integral. As relações entre a socialização[7] e a autonomia e desenvolvimento pessoais podem conceber-se diferentemente, conforme a diversidade das regiões e o grau de desenvolvimento dos povos. Mas quando, por exigência do bem comum, se limitar temporariamente o exercício dos direitos, restabeleça-se quanto antes a liberdade, logo que mudem as circunstâncias. É, porém, desumano que a autoridade política assuma formas totalitárias ou ditatoriais, que lesam os direitos das pessoas ou dos grupos sociais.

Os cidadãos cultivem com magnanimidade e lealdade o amor da pátria, mas sem estreiteza de espírito, de maneira que, ao mesmo tempo, tenham sempre presente o bem de toda a família humana, que derivam das várias ligações entre as raças, povos e nações.

Todos os cristãos tenham consciência da sua vocação especial e própria na comunidade política; por ela são obrigados a dar exemplo de sentida responsabilidade e dedicação pelo bem comum, de maneira a mostrarem também com fatos como se harmonizam a autoridade e a liberdade, a iniciativa pessoal e a solidariedade do inteiro corpo social, a oportuna unidade com a proveitosa diversidade. Reconheçam as legítimas opiniões, divergentes entre si, acerca da organização da ordem temporal e respeitem os cidadãos e grupos que as defendem honestamente. Os partidos políticos devem promover o que julgam ser exigido pelo bem comum, sem que jamais seja lícito antepor o próprio interesse ao bem comum.

Deve atender-se cuidadosamente à educação cívica e política, hoje tão necessária à população e sobretudo

---

[7] Cf. João XXIII, Enc. Mater et Magistra: AAS 53 (1961), p. 415-418.

aos jovens, para que todos os cidadãos possam participar na vida da comunidade política. Os que são ou podem tornar-se aptos para exercer a difícil e muito nobre[8] arte da política, preparem-se para ela; e procurem exercê-la sem pensar no interesse próprio ou em vantagens materiais. Procedam com integridade e prudência contra a injustiça e a opressão, contra o domínio arbitrário de uma pessoa ou de um partido, e contra a intolerância. E dediquem-se com sinceridade e equidade, e mais ainda com caridade e fortaleza políticas, ao bem de todos.

A comunidade política e a Igreja

76. É de grande importância, sobretudo onde existe uma sociedade pluralística, que se tenha uma concepção

---

[8] Pio XI, Alocução aos dirigentes da Federação Universitária Católica: Discorsi di Pio XI (ed. Bertetto) Turim, vol. 1 (1960), p. 743.

O número 76 trata das relações da comunidade política com a Igreja. Relembra a missão dos cristãos e cristãs, que desempenham sua ação político-social em próprio nome como cidadãos guiados pela sua consciência, e aquelas que exercitam em nome da Igreja e em união com os seus pastores. A pessoa humana transcende à toda dimensão político-social, e a Igreja é salvaguarda desta transcendência. Embora autônomas em suas ações, Igreja e comunidade política prestar-se-ão serviços precisos quanto mais buscarem, no diálogo aberto, um entendimento de suas funções para com o bem comum. Após lembrar a missão específica da Igreja e dos pastores, o número conclui: "Aderindo fielmente ao Evangelho e realizando a sua missão no mundo, a Igreja — a quem pertence fomentar e elevar tudo o que de verdadeiro, bom e belo se encontra na comunidade dos homens — consolida a paz entre os homens, para glória de Deus".

exata das relações entre a comunidade política e a Igreja; e ainda que se distingam claramente as atividades que os fiéis, isoladamente ou em grupo, desempenham em próprio nome, como cidadãos, guiados pela sua consciência de cristãos, e aquelas que exercitam em nome da Igreja e em união com os seus pastores.

A Igreja, que em razão da sua missão e competência, de modo algum se confunde com a sociedade política nem está ligada a qualquer sistema político determinado, é ao mesmo tempo o sinal e salvaguarda da transcendência da pessoa humana.

No domínio próprio de cada uma, comunidade política e Igreja são independentes e autônomas. Mas, embora por títulos diversos, ambas servem à vocação pessoal e social dos mesmos homens. E tanto mais eficazmente exercitarão este serviço para bem de todos, quanto melhor cultivarem entre si uma sã cooperação, tendo igualmente em conta as circunstâncias de lugar e tempo. Porque o homem não se limita à ordem temporal somente; vivendo na história humana, conserva inteira a sua vocação eterna. Quanto à Igreja, fundada sobre o amor do Redentor, ela contribui para que se difundam mais amplamente, nas nações e entre as nações, a justiça e a caridade. Pregando a verdade evangélica e iluminando com a sua doutrina e o testemunho dos cristãos todos os campos da atividade humana, ela respeita e promove também a liberdade e responsabilidade política dos cidadãos.

Os apóstolos e os seus sucessores, com os seus cooperadores, enviados para anunciar Cristo, Salvador do mundo, aos homens têm por sustentáculo do seu apostolado o poder de Deus, o qual muitas vezes manifesta a força do Evangelho na fraqueza das suas testemunhas. É preciso, pois, que todos os que se consagram ao ministério da Palavra de Deus utilizem os caminhos e meios próprios do Evangelho, tantas vezes diferentes dos meios da cidade terrena.

É certo que as coisas terrenas e as que, na condição humana, transcendem este mundo se encontram intimamente ligadas; a própria Igreja usa das coisas temporais, à medida que a sua missão o exige. Mas ela não coloca a sua esperança nos privilégios que lhe oferece a autoridade civil; mais ainda, ela renunciará ao exercício de alguns direitos legitimamente adquiridos, quando verificar que o seu uso põe em causa a sinceridade do seu testemunho ou que novas condições de vida exigem outras disposições. Porém, sempre lhe deve ser permitido pregar com verdadeira liberdade a fé; ensinar a sua doutrina acerca da sociedade; exercer sem entraves a própria missão entre os homens; e pronunciar o seu juízo moral também acerca das realidades políticas, sempre que os direitos fundamentais da pessoa ou a salvação das almas o exigirem e utilizando todos e só aqueles meios que são conformes com o Evangelho e, segundo a variedade dos tempos e circunstâncias, são para o bem de todos.

Aderindo fielmente ao Evangelho e realizando a sua missão no mundo, a Igreja — a quem pertence fomentar e elevar tudo o que de verdadeiro, bom e belo se encontra na comunidade dos homens —[9] consolida a paz entre os homens, para glória de Deus.[10]

---

[9] Cf. Conc. Vaticano II, Const. dogm. Lumen gentium, n. 13: AAS 57 (1965), p. 17.

[10] Cf. Lc 2,14.

Capítulo V
Promoção da paz e da comunidade internacional

Introdução

77. Nestes nossos tempos, em que as dores e angústias derivadas da guerra ou da sua ameaça ainda oprimem tão duramente os homens, a família humana chegou a uma hora decisiva no seu processo de maturação. Progressivamente unificada, e por toda parte mais consciente da própria unidade, não pode levar a termo a tarefa que lhe incumbe de construir um mundo mais humano para todos os homens, a não ser que todos se orientem com espírito renovado à verdadeira paz. A mensagem

---

Capítulo V: O capítulo quinto (77-93) trata da promoção da paz e da comunidade internacional. Após dois artigos de preâmbulo a todo o capítulo (77-78), a *Gaudium et Spes* desenvolve sua argumentação em duas sessões: evitar a guerra (79-82) e construir a comunidade internacional (83-90).

O preâmbulo (77) abre-se com um apelo: "O Concílio, explicando a verdadeira e nobilíssima natureza da paz, e uma vez condenada a desumanidade da guerra, quer apelar ardentemente para que os cristãos, com a ajuda de Cristo, autor da paz, colaborem com todos os homens no estabelecimento da paz na justiça e no amor e na preparação dos instrumentos da mesma paz".

evangélica, tão em harmonia com os mais altos desejos e aspirações do gênero humano, brilha assim com novo esplendor nos tempos de hoje, ao proclamar felizes os construtores da paz, "porque serão chamados filhos de Deus" (Mt 5,9).

Por isso, o Concílio, explicando a verdadeira e nobilíssima natureza da paz, e uma vez condenada a desumanidade da guerra, quer apelar ardentemente para que os cristãos, com a ajuda de Cristo, autor da paz, colaborem com todos os homens no estabelecimento da paz na justiça e no amor e na preparação dos instrumentos da mesma paz.

Natureza da paz

78. A paz não é simplesmente ausência da guerra; nem se reduz ao estabelecimento do equilíbrio entre as forças adversas ou resulta de dominação despótica. Com toda a exatidão e propriedade ela é chamada "obra da justiça" (Is 32,7). É fruto da ordem que o divino Criador estabeleceu para a sociedade humana, e que deve ser realizada pelos homens, sempre anelantes por justiça mais perfeita. Com efeito, o bem comum do gênero humano é regido, primária e fundamentalmente, pela lei eterna; mas, quanto às suas exigências concretas, está sujeito a constantes mudanças, com o decorrer do tempo. Por esta razão, a

---

A paz não é a ausência da guerra (78), nem o equilíbrio da força ou do domínio despótico. A paz é fruto da justiça, da ordem do Criador e proclamada definitivamente no Natal. Ela exige o respeito da dignidade de cada pessoa, restaurada na encarnação do Filho de Deus, o príncipe da paz. Como somos pecadores, o perigo da guerra ronda sempre a humanidade. Só a vivência da justiça que brota do Evangelho garantirá um mundo de paz.

paz nunca se alcança de uma vez para sempre, antes deve estar constantemente sendo edificada. Além disso, como a vontade humana é fraca e ferida pelo pecado, a busca da paz exige o constante domínio das paixões de cada um e a vigilância da autoridade legítima.

Mas tudo isto não basta. Esta paz não se pode alcançar na terra a não ser que se assegure o bem das pessoas e que os homens compartilhem entre si livre e confiadamente as riquezas do seu espírito criador. Absolutamente necessárias para a edificação da paz são ainda a vontade firme de respeitar a dignidade dos outros homens e povos e a prática assídua da fraternidade. A paz é assim também fruto do amor, o qual vai além do que a justiça consegue alcançar.

A paz terrena, nascida do amor do próximo, é imagem e efeito da paz de Cristo, vinda do Pai. Pois o próprio Filho encarnado, príncipe da paz, reconciliou com Deus, pela cruz, todos os homens; restabelecendo a unidade de todos em um só povo e num só corpo, extinguiu o ódio[1] e, exaltado na ressurreição, derramou nos corações o Espírito de amor.

Todos os cristãos são, por isso, insistentemente chamados a que, "praticando a verdade na caridade" (Ef 4,15), se unam com os homens verdadeiramente pacíficos para implorarem e edificarem a paz.

Levados pelo mesmo espírito, não podemos deixar de louvar aqueles que, renunciando à ação violenta para reivindicar os próprios direitos, recorrem a meios de defesa que estão também ao alcance dos mais fracos, sempre que isto se possa fazer sem lesar os direitos e obrigações de outros ou da comunidade.

---

[1] Cf. Ef 2,16; Cl 1,20-22.

À medida que os homens são pecadores, o perigo da guerra ameaça-os e continuará a ameaçá-los até a vinda de Cristo; mas à medida que, unidos em caridade, superam o pecado, superadas serão também as lutas, até que se realize aquela palavra: "Com as espadas forjarão arados, e foices com as lanças. Nenhum povo levantará a espada contra outro e jamais se exercitarão para a guerra" (Is 2,4).

Seção I
Necessidade de evitar a guerra

O dever de mitigar a desumanidade da guerra

79. Apesar de as últimas guerras terem trazido ao nosso mundo tão grandes danos materiais e morais, ainda todos os dias a guerra leva por diante as suas devastações em alguma parte da terra. Mais ainda, o emprego de armas científicas de todo o gênero para fazer a guerra ameaça, dada a selvajaria daquelas, levar os combatentes a uma barbárie

---

Primeira sessão: Evitar a guerra é o título da sessão primeira (79-82).

A guerra é sempre um mal que deve ser refreado (79). Sua barbárie recrudesce pelas formas novas e sofisticadas pelas quais é feita. O mal causado pela guerra é incalculável. A *Gaudium et Spes* fala de uma forma mais cruel e desumana, hoje tão largamente praticada, que é o terrorismo. Diante da guerra a humanidade está prostrada. É preciso reerguê-la recordando, antes e acima de tudo, os princípios fundamentais do direito internacional. Profeticamente continua o Concílio: "A própria consciência da humanidade afirma cada vez com maior força estes princípios. As ações que lhes são deliberadamente contrárias, bem como as ordens

muito pior que a de outros tempos. Além disso, a complexidade da atual situação e o intrincado das relações internacionais tornam possível o prolongar-se de guerras mais ou menos larvadas, pelo recurso a novos métodos insidiosos e subversivos. Em muitos casos, o recurso aos métodos do terrorismo é considerado como uma nova forma de guerra.

Tendo diante dos olhos este estado de prostração da humanidade, o Concílio quer, antes de tudo, recordar o valor permanente do direito natural internacional e dos seus princípios universais. A própria consciência da humanidade afirma sempre com maior força estes princípios. As ações que lhes são deliberadamente contrárias, bem como as ordens que as mandam executar, são, portanto, criminosas; nem a obediência cega pode desculpar os que as cumprem. Entre tais atos devem-se contar, antes de tudo, aqueles com que se leva metodicamente a cabo o extermínio de toda uma raça, nação ou minoria étnica. Tais ações devem ser veementemente condenadas como horríveis crimes e louvada no mais alto grau a coragem daqueles que não temem resistir abertamente aos que as querem impor.

Existem diversas convenções internacionais relativas à guerra, subscritas por muitas nações, e que visam a

---

que as mandam executar, são portanto, criminosas; nem a obediência cega pode desculpar os que as cumprem. Entre tais atos devem-se contar, antes de tudo, aqueles com que se leva metodicamente a cabo o extermínio de toda uma raça, nação ou minoria étnica. Tais ações devem ser veementemente condenadas como horríveis crimes e louvada no mais alto grau a coragem daqueles que não temem resistir abertamente aos que as querem impor. A guerra, em último caso, pode acontecer entre partes em litígio. Contudo, não é permitido às partes usarem de quaisquer meios para se defender.

tornar menos desumanas as atividades bélicas e suas consequências; tais, por exemplo, as que se referem à sorte dos soldados feridos ou prisioneiros, e outras semelhantes. Estes acordos devem ser conservados. Mais ainda, todos, sobretudo os poderes públicos e os peritos nestas matérias, têm obrigação de procurar aperfeiçoá-las quanto lhes for possível, de maneira a que sejam capazes de melhor e mais eficazmente refrearem a crueldade das guerras. Parece, além disso, justo que as leis provejam com humanidade para o caso daqueles que, por motivo de consciência, recusam combater, contanto que aceitem outra forma de servir à comunidade humana.

Na realidade, a guerra não foi eliminada do mundo dos homens. E enquanto existir o perigo de guerra e não houver uma autoridade internacional competente e dotada dos convenientes meios, não se pode negar aos governos, depois de esgotados todos os recursos de negociações pacíficas, o direito de legítima defesa. Cabe assim aos governantes e aos demais que participam na responsabilidade dos negócios públicos o dever de assegurar a defesa das populações que lhes estão confiadas, tratando com toda a seriedade um assunto tão sério. Mas uma coisa é utilizar a força militar para defender justamente as populações, outra o querer subjugar as outras nações. O poderio bélico não legitima qualquer uso militar ou político que dele se faça. Nem, finalmente, uma vez começada lamentavelmente a guerra, já tudo se torna lícito entre as partes beligerantes.

Aqueles que se dedicam ao serviço da pátria no exército considerem-se servidores da segurança e da liberdade das populações; à medida que se desempenham como convém desta tarefa, contribuem verdadeiramente para o estabelecimento da paz.

A guerra total

80. Com o incremento das armas científicas, tem aumentado desmesuradamente o horror e maldade da guerra. Pois, com o emprego de tais armas, as ações bélicas podem causar enormes e indiscriminadas destruições, que desse modo já vão muito além dos limites da legítima defesa. Mais ainda: se se empregasse integralmente o material existente nos arsenais das grandes potências, originar-se-ia daí o quase total e recíproco extermínio de ambos os adversários, sem falar nas inúmeras devastações, provocadas no mundo e os funestos efeitos que do uso de tais armas se seguiriam.

Tudo isto nos força a considerar a guerra com espírito inteiramente novo.[2] Saibam os homens de hoje que darão grave conta das suas atividades bélicas. Pois das suas

---

[2] Cf. João XXIII, Enc. Pacem in terris, 11 abril 1963: AAS 55 (1963), p. 291: "Por isso, nesta nossa idade que se gloria da força atômica, é fora de razão pensar que a guerra é um meio apto para ressarcir os direitos violados".

A guerra total não é uma ameaça de amanhã, mas uma realidade de hoje (80). "Com o incremento das armas científicas, tem aumentado desmesuradamente o horror e maldade da guerra. Pois, com o emprego de tais armas, as ações bélicas podem causar enormes e indiscriminadas destruições, que desse modo já vão muito além dos limites da legítima defesa. Mais ainda: se se empregasse integralmente o material existente nos arsenais das grandes potências, originar-se-ia daí o quase total e recíproco extermínio de ambos os adversários, sem falar nas inúmeras devastações provocadas no mundo e os funestos efeitos que do uso de tais armas se seguiriam". Os bispos declaram em forte e bom tom: "Saibam os homens de hoje que darão grave conta das suas atividades bélicas. Pois das suas decisões atuais dependerá em grande parte o curso dos tempos futuros".

decisões atuais dependerá em grande parte o curso dos tempos futuros.

Tendo em atenção todas estas coisas, o sagrado Concílio, fazendo suas as condenações da guerra total já anteriormente pronunciadas pelos Sumos Pontífices,[3] declara: Toda a ação de guerra que tende indiscriminadamente à destruição de cidades inteiras ou vastas regiões e seus habitantes é um crime contra Deus e o próprio homem, que se deve condenar com firmeza e sem hesitação.

O perigo peculiar da guerra hodierna está em que ela fornece, por assim dizer, a oportunidade de cometer tais crimes àqueles que estão de posse das modernas armas científicas; e, por uma consequência quase fatal, pode impelir as vontades dos homens às mais atrozes decisões. Para que tal nunca venha a suceder, os bispos de todo o mundo, reunidos, imploram a todos, sobretudo aos governantes e chefes militares, que ponderem sem cessar a sua tão grande responsabilidade perante Deus e a humanidade.

A corrida aos armamentos

81. É verdade que não se acumulam as armas científicas só com o fim de serem empregadas na guerra. Com

---

[3] Cf. Pio XII, Alocução, 30 setembro 1954: AAS 46 (1954), p. 589; Radiomensagem, 24 dezembro 1954: AAS 47 (1955), p. 15 s.; João XXIII, Enc. Pacem in terris: AAS 55 (1963), p. 286-291; Paulo VI, Alocução na Assembleia das Nações Unidas, 4 outubro 1965.

Uma forma de guerra que se dissemina atualmente é a corrida armamentista (81). Seja quais forem os motivos pelas quais ela é realizada, o desequilíbrio que causa é nefasto. As riquezas que aí são empregadas poderiam sanar tantas misérias da humanidade. Mais uma vez os bispos advertem: "De novo se deve declarar que a

efeito, dado que se pensa que a solidez defensiva de cada parte depende da sua capacidade de resposta fulminante, esta acumulação de armas, que aumenta de ano para ano, serve, paradoxalmente, para dissuadir possíveis inimigos. Muitos pensam que este é hoje o meio mais eficaz para assegurar certa paz entre às nações.

Seja o que for deste meio de dissuasão, convençam--se os homens de que a corrida aos armamentos, a que se entregam muitas nações, não é caminho seguro para a firme manutenção da paz; e de que o pretenso equilíbrio daí derivante não é uma paz segura nem verdadeira. Corre-se o perigo de que, com isso, em vez de se eliminarem as causas da guerra, antes se agravem progressivamente. E enquanto se dilapidam riquezas imensas no constante fabrico de novas armas, torna-se impossível dar remédio suficiente a tantas misérias de que sofre o mundo atualmente. Mais do que sanar verdadeira e plenamente as discórdias entre as nações, o que se consegue é contagiar com elas outras partes do mundo. É preciso escolher outros caminhos, partindo da reforma das mentalidades, para eliminar este escândalo e poder-se restituir ao mundo, liberto da angústia que o oprime, uma paz verdadeira.

Por essa razão, de novo se deve declarar que a corrida aos armamentos é um terrível flagelo para a humanidade e

---

corrida aos armamentos é um terrível flagelo para a humanidade e prejudica os pobres de modo intolerável. E é muito de temer, se ela continuar, que um dia provoque as exterminadoras calamidades de que já presentemente prepara os meios". Falam, então, de um esforço para mudar de mentalidade, concluindo: "Se nos recusarmos a fazer este esforço, não sabemos aonde nos levará o funesto caminho por onde enveredamos".

prejudica os pobres de modo intolerável. E é muito de temer, se ela continuar, que um dia provoque as exterminadoras calamidades de que já presentemente prepara os meios.

Advertidos pelas calamidades que o gênero humano tornou possíveis, aproveitemos o tempo de que ainda dispomos para, tornados mais conscientes da própria responsabilidade, encontrarmos os caminhos que tornem possível resolver os nossos conflitos de um modo mais digno de homens. A providência divina instantemente requer de nós que nos libertemos da antiga servidão da guerra. Se nos recusarmos a fazer este esforço, não sabemos aonde nos levará o funesto caminho por onde enveredamos.

Condenação absoluta da guerra e ação internacional para evitá-la

82. É, portanto, claro que nos devemos esforçar por todos os meios por preparar os tempos em que, por comum acordo das nações, se possa interditar absolutamente qualquer espécie de guerra. Isto exige, certamente, a criação de uma autoridade pública mundial, por todos

---

Os bispos sonham, então, uma ordem pública internacional capaz de interditar as guerras (82). Enquanto não for criada essa ordem pública internacional, os organismos já existentes se esforcem, por todos os meios, para garantir a segurança comum que todos almejam. A luta pela paz exige que os homens públicos, máxime os que dirigem nações detentoras de poder bélico, alarguem o espírito mais além das fronteiras da própria nação, deponham o egoísmo nacional e a ambição de dominar sobre os outros países, fomentem um grande respeito por toda a humanidade, que já avança tão laboriosamente para uma maior unidade. Enquanto passos são dados na busca da paz, a educação

reconhecida e com poder suficiente para que fiquem garantidos a todos a segurança, o cumprimento da justiça e o respeito dos direitos. Porém, antes que esta desejável autoridade possa ser instituída, é necessário que os supremos organismos internacionais se dediquem com toda a energia a buscar os meios mais aptos para conseguir a segurança comum. Já que a paz deve antes nascer da confiança mútua do que ser imposta pelo terror das armas, todos devem trabalhar para que se ponha finalmente um termo à corrida aos armamentos e para que se inicie, progressivamente e com garantias reais e eficazes, a redução dos mesmos armamentos, não unilateral, evidentemente, mas simultânea e segundo o que for estatuído.[4]

Entretanto, não se devem subestimar as tentativas já feitas ou ainda em curso para afastar o perigo da guerra. Procure-se antes ajudar a boa vontade de muitos que, carregados com as ingentes preocupações dos seus altos ofícios, mas movidos do seriíssimo dever que os obriga, se

---

[4] Cf. João XXIII, Enc. Pacem in terris, onde se fala da diminuição dos armamentos: AAS 55 (1963), p. 287.

---

das gerações deve continuar, buscando superar as barreiras de nacionalidades, o desprezo e desconfiança, os ódios raciais e os preconceitos ideológicos que dividem e opõem as pessoas umas às outras. Os bispos continuam com clarividência e coragem: "A humanidade, que já agora corre grave risco, chegará talvez desgraçadamente, apesar da sua admirável ciência, àquela hora em que não conhecerá outra paz além da horrível tranquilidade da morte". Concluem cheios de esperança: propor, uma vez mais, oportuna e importunamente, a mensagem do Apóstolo: "eis agora o tempo favorável" para a conversão dos corações, "eis agora os dias da salvação".

esforçam por eliminar a guerra de que têm horror, embora não possam prescindir da complexidade objetiva das situações. E dirijam-se a Deus instantes preces, para que lhes dê a força necessária para empreender com perseverança e levar a cabo com fortaleza esta obra de imenso amor dos homens, de construir virilmente a paz. Hoje em dia, isto exige certamente deles que alarguem o espírito mais além das fronteiras da própria nação, deponham o egoísmo nacional e a ambição de dominar sobre os outros países, fomentem um grande respeito por toda a humanidade, que já avança tão laboriosamente para maior unidade.

As sondagens até agora diligente e incansavelmente levadas a cabo acerca dos problemas da paz e do desarmamento, e as reuniões internacionais que trataram deste assunto, devem ser consideradas como os primeiros passos para a solução de tão graves problemas e devem no futuro promover-se ainda com mais empenho, para obter resultados práticos. No entanto, evitem os homens entregar-se apenas aos esforços de alguns, sem se preocuparem com a própria mentalidade. Pois os governantes, responsáveis pelo bem comum da própria nação e ao mesmo tempo promotores do bem de todo o mundo, dependem muito das opiniões e sentimentos das populações. Nada aproveitarão com dedicar-se à edificação da paz, enquanto os sentimentos de hostilidade, desprezo e desconfiança, os ódios raciais e os preconceitos ideológicos dividirem os homens e os opuserem uns aos outros. Daqui a enorme necessidade da renovação na educação das mentalidades e na orientação da opinião pública. Aqueles que se consagram à obra da educação, sobretudo da juventude, ou que formam a opinião pública, considerem como gravíssimo dever o procurar formar as mentalidades de todos para novos sentimentos pacíficos. Todos nós temos, com efeito, de reformar o nosso coração, com os olhos postos no mundo inteiro e naquelas tarefas que podemos realizar juntos para o progresso da nossa família humana.

Não nos engane uma falsa esperança. A não ser que, pondo de parte inimizades e ódios, se celebrem no futuro pactos sólidos e honestos acerca da paz universal, a humanidade, que já agora corre grave risco, chegará talvez, desgraçadamente, apesar da sua admirável ciência, àquela hora em que não conhecerá outra paz além da horrível tranquilidade da morte. Mas, ao mesmo tempo em que isto afirma, a Igreja de Cristo, no meio das angústias do tempo atual, não deixa de esperar firmemente. À nossa época quer ela propor, uma e outra vez, oportuna e importunamente, a mensagem do Apóstolo: "Eis agora o tempo favorável" para a conversão dos corações, "eis agora os dias da salvação".[5]

Seção II
Construção da comunidade internacional

As causas de discórdia e seus remédios

83. Para edificar a paz, é preciso, antes de tudo, eliminar as causas das discórdias, sobretudo as injustiças entre os homens, que alimentam as guerras. Muitas delas

---

[5] Cf. 2Cor 6,2.

Segunda sessão: A segunda sessão deste último capítulo tem como título "Construção da comunidade internacional" (83-90).

Os padres conciliares tratam das causas e remédios das discórdias (83). Umas nascem das profundas desigualdades que

provêm das excessivas desigualdades econômicas e do atraso em lhes dar os remédios necessários. Outras, porém, nascem do espírito de dominação e do desprezo das pessoas e, se investigarmos causas mais profundas, da inveja, da desconfiança e da soberba humanas, bem como de outras paixões egoístas. Como o homem não pode suportar tantas desordens, delas provêm que, mesmo sem haver guerra, o mundo está continuamente envenenado com as contendas e violências entre os homens. E como se verificam os mesmos males nas relações entre as nações, é absolutamente necessário, para os vencer ou prevenir, e para reprimir as violências desenfreadas, que os organismos internacionais cooperem e se coordenem melhor e que se fomentem incansavelmente as organizações que promovem a paz.

A comunidade das nações e as instituições internacionais

84. Para que o bem comum universal se procure convenientemente e se alcance com eficácia, torna-se necessário, dado o aumento crescente de estreitos laços de

---

permanecem ainda hoje na humanidade, outras nascem do espírito de dominação e de grandeza, bem como da inveja, soberba e desconfiança humana e outras paixões destruidoras. Destas desordens conclui-se que, mesmo sem haver guerra, o mundo está continuamente envenenado com as contendas e violências entre os homens. Há hoje necessidade de todo um desarmamento dos espíritos.

Há um trabalho a ser feito por todos, pessoas e nações (84). É preciso superar a indigência que grassa sobre grande parte de países e pessoas. Ainda é necessário favorecer o progresso das nações em vias de desenvolvimento, obviar às necessidades dos refugiados

mútua dependência entre todos os cidadãos e entre todos os povos do mundo, que a comunidade dos povos se dê a si mesma uma estrutura à altura das tarefas atuais, sobretudo relativamente àquelas numerosas regiões que ainda padecem intolerável indigência.

Para obter tais fins, as instituições da comunidade internacional devem prover, cada uma por sua parte, às diversas necessidades dos homens, no domínio da vida social, a que pertencem a alimentação, saúde, educação, trabalho, como em certas circunstâncias particulares, que podem surgir aqui ou ali, tais como a necessidade geral de favorecer o progresso das nações em via de desenvolvimento, de obviar às necessidades dos refugiados dispersos por todo o mundo, ou ainda de ajudar os emigrantes e suas famílias.

As instituições internacionais, mundiais ou regionais, já existentes, são beneméritas do gênero humano. Aparecem como as primeiras tentativas para lançar os fundamentos internacionais da inteira comunidade humana, a fim de se resolverem os gravíssimos problemas dos nossos tempos, se promover o progresso em todo o mundo e se prevenir a guerra sob qualquer forma. A Igreja alegra-se com o espírito de verdadeira fraternidade que em todos estes campos floresce entre cristãos e não cristãos e tende a intensificar os esforços por remediar tão grande miséria.

---

dispersos por todo o mundo, ou ajudar os emigrantes e suas famílias. Muitas são as instituições voltadas a minorar este estado doentio da humanidade. A Igreja se alegra e faz voto para que elas aumentem e continuem sua missão.

A cooperação internacional no campo econômico

85. A solidariedade atual do gênero humano requer também uma cooperação internacional mais ampla no campo econômico. Com efeito, embora quase todos os povos se tenham tornado independentes, estão ainda longe de se encontrarem livres de excessivas desigualdades ou de qualquer forma de dependência indevida, ou ao abrigo de graves dificuldades internas.

O crescimento de um país depende dos recursos humanos e financeiros. Em cada nação, os cidadãos devem ser preparados pela educação e formação profissional, para desempenharem as diversas funções da vida econômica e social. Para tal, requer-se a ajuda de peritos estrangeiros; estes, ao darem tal ajuda, não procedam como dominadores, mas como auxiliares e cooperadores. Não será possível prestar o auxílio material às nações em desenvolvimento, se não se mudarem profundamente no mundo os costumes do comércio atual. Os países desenvolvidos prestar-lhes-ão ainda ajuda sob outras formas, tais como dons, empréstimos ou investimentos financeiros; os quais se devem prestar generosamente e sem

---

O mundo exige a instalação de uma nova ordem econômico--social-política (85). Conclama o Concílio: "Para se estabelecer uma autêntica ordem econômica internacional, é preciso abolir o apetite de lucros excessivos, as ambições nacionais, o desejo de domínio político, os cálculos de ordem militar, bem como as manobras para propagar e impor ideologias. Apresentam-se muitos sistemas econômicos e sociais; é de desejar que os especialistas encontrem neles as bases comuns de um são comércio mundial; o que mais facilmente se conseguirá, se cada um renunciar aos próprios preconceitos e se mostrar disposto a um diálogo sincero".

cobiça, por uma das partes, e receber com inteira honestidade, pela outra.

Para se estabelecer uma autêntica ordem econômica internacional, é preciso abolir o apetite de lucros excessivos, as ambições nacionais, o desejo de domínio político, os cálculos de ordem militar, bem como as manobras para propagar e impor ideologias. Apresentam-se muitos sistemas econômicos e sociais; é de desejar que os especialistas encontrem neles as bases comuns de um são comércio mundial; o que mais facilmente se conseguirá, se cada um renunciar aos próprios preconceitos e se mostrar disposto a um diálogo sincero.

Algumas normas oportunas

86. Para tal cooperação, parecem oportunas as seguintes normas:

a) As nações em desenvolvimento ponham todo o empenho em procurar firmemente que a finalidade expressa do seu progresso seja a plena perfeição humana

---

Os padres conciliares sugerem que a cooperação internacional deve seguir algumas normas (86). Elencam: a) as nações em desenvolvimento devem pautar seu esforço em bases próprias de tradições e talentos, sem desdenhar os auxílios externos que venha receber; b) o auxílio internacional dos países desenvolvidos não é somente fruto de generosidade, mas um estrito e grave dever, fazendo as mudanças de mentalidade exigidas; c) a comunidade internacional tem o dever de fomentar o progresso e cuidar para que os auxílios sejam utilizados dentro dos princípios da justiça; d) os auxílios sejam dados dentro das capacidades de cada povo e respeitando suas justas tradições. Com efeito, tais tradições fazem parte dos dons concedidos por Deus a cada pessoa e nação.

dos cidadãos. Lembrem-se de que o progresso se origina e cresce, antes de mais, com o trabalho e engenho das populações, pois deve apoiar-se não apenas nos auxílios estrangeiros, mas sobretudo no desenvolvimento dos próprios recursos e no cultivo das qualidades e tradições próprias. Neste ponto, devem sobressair aqueles que têm maior influência nos outros.

b) É dever muito grave dos povos desenvolvidos ajudar os que estão em via de desenvolvimento a realizar as tarefas referidas. Levem, portanto, a termo as adaptações internas de mentalidade e materiais que são necessárias para estabelecer esta cooperação internacional.

E, assim, nas negociações com as nações mais fracas e pobres, atendam com muito cuidado ao bem delas; pois elas necessitam, para seu sustento, dos lucros alcançados com a venda dos bens que produzem.

c) Cabe à comunidade internacional coordenar e estimular o desenvolvimento de modo a que os recursos para eles destinados sejam utilizados com o máximo de eficácia e total equidade. Também a ela pertence, sempre dentro do respeito pelo princípio de subsidiariedade, regular as relações econômicas no mundo inteiro de modo que se desenvolvam segundo a justiça.

Criem-se instituições aptas para promover e regular o comércio internacional, sobretudo com as nações menos desenvolvidas, e para compensar as deficiências que ainda perduram, nascidas da excessiva desigualdade de poder entre as nações. Esta ordenação, acompanhada de ajudas técnicas, culturais e financeiras, deve proporcionar às nações em via de desenvolvimento os meios necessários para poderem conseguir convenientemente o progresso da própria economia.

d) Em muitos casos, é urgente a necessidade de rever as estruturas econômicas e sociais. Mas evitem-se as soluções técnicas prematuramente propostas, sobretudo aquelas que, trazendo ao homem vantagens materiais, são opostas à sua natureza espiritual e ao seu progresso. Com efeito, "o homem não vive só de pão, mas também de toda a palavra que sai da boca de Deus" (Mt 4,4). E qualquer parcela da família humana leva em si mesma e nas suas melhores tradições uma parte do tesouro espiritual confiado por Deus à humanidade, ainda que muitos desconheçam a origem donde procede.

A cooperação internacional no que diz respeito ao crescimento demográfico

87. A cooperação internacional é especialmente necessária no caso, atualmente bastante frequente, daqueles povos que, além de muitas outras dificuldades, sofrem especialmente da que deriva do rápido aumento da população. É urgentemente necessário que, por meio de plena e intensa cooperação de todos, e sobretudo das nações mais ricas, se investigue o modo de tornar possível preparar e fazer chegar a toda a humanidade o que é preciso para a subsistência e conveniente educação dos homens. Mas alguns povos poderiam melhorar muito as suas condições de vida se, devidamente instruídos, passassem dos métodos arcaicos de exploração agrícola para as técnicas modernas, aplicando-as com a devida prudência à própria situação, instaurando, além disso, melhor ordem social e procedendo à distribuição mais justa da propriedade das terras.

A ajuda internacional deve levar em consideração povos com grande aumento demográfico (87). É preciso criar meios tais que se possa superar a situação de miséria reinante. De urgente solução para as famílias numerosas é o êxodo para as cidades e suas

Com relação ao problema da população, na própria nação e dentro dos limites da própria competência, tem o governo direitos e deveres; assim, por exemplo, no que se refere à legislação social e familiar, ao êxodo das populações agrícolas para as cidades, à informação acerca da situação e necessidades nacionais. Dado que hoje este problema preocupa intensamente os espíritos, é também desejável que especialistas católicos, sobretudo nas Universidades, prossigam e ampliem diligentemente os estudos e iniciativas sobre essas matérias.

Visto muitos afirmarem que o aumento da população do globo, ou ao menos de algumas nações, deve ser absoluta e radicalmente diminuído por todos os meios e por qualquer espécie de intervenção da autoridade pública, o Concílio exorta todos a que evitem as soluções, promovidas pública ou privadamente ou até por vezes impostas, que sejam contrárias à lei moral. Porque, segundo o inalienável direito ao casamento e à procriação da prole, a decisão acerca do número de filhos depende do reto juízo dos pais e de modo algum se pode entregar ao da autoridade pública. Mas como o juízo dos pais pressupõe uma consciência bem formada, é de grande importância que todos tenham a possibilidade de cultivar uma responsabilidade reta e autenticamente humana, que tenha em conta a lei divina, consideradas as circunstâncias objetivas e epocais; isto exige, porém, que por toda a parte melhorem as condições pedagógicas e sociais e, antes de mais, que seja dada uma formação religiosa ou, pelo menos, uma íntegra educação moral. Sejam também as populações judiciosamente informadas acerca dos progressos científicos alcançados na investigação de métodos que possam ajudar os esposos na determinação do número de filhos, e cuja segurança esteja bem comprovada e de que conste claramente sua legitimidade moral.

Dever dos cristãos de ajudar a todos

88. Os cristãos cooperem de bom grado e de todo o coração na construção da ordem internacional, com verdadeiro respeito pelas liberdades legítimas e na amigável fraternidade de todos; e tanto mais quanto é verdade que a maior parte do mundo ainda sofre tanta necessidade, de maneira que, nos pobres, o próprio Cristo como que apela em alta voz para a caridade dos seus discípulos. Não se dê aos homens o escândalo de haver algumas nações, geralmente de maioria cristã, na abundância, enquanto outras

---

periferias. Com relação à limitação da explosão demográfica, o Concílio repele aquelas que são contrárias à moral. Proclamam os bispos: "A decisão acerca do número de filhos depende do reto juízo dos pais e de modo algum se pode entregar ao da autoridade pública". É preciso que se fomente uma educação da consciência, que venha acompanhada de uma educação geral. Ademais, é necessário que se conheçam as leis da fecundidade humana, a fim de melhor se adequar a elas.

O Concílio lembra aos cristãos a sua obrigação de ajudar e promover os mais pobres e os miseráveis (88). Afirma: "Não se dê aos homens o escândalo de haver algumas nações, geralmente de maioria cristã, na abundância, enquanto outras não têm sequer o necessário para viver e são atormentadas pela fome, pela doença e por toda a espécie de misérias. Pois o espírito de pobreza e de caridade são a glória e o testemunho da Igreja de Cristo". O Concílio louva e incentiva, nesse momento, a vida missionária de tantos leigos e leigas. Deseja que ela seja devidamente preparada para ser eficaz.

não têm sequer o necessário para viver e são atormentadas pela fome, pela doença e por toda a espécie de misérias. Pois o espírito de pobreza e de caridade são a glória e o testemunho da Igreja de Cristo.

São, por isso, de louvar e devem ser ajudados os cristãos, sobretudo jovens, que se oferecem espontaneamente para ir em ajuda dos outros homens e povos. Mais ainda: cabe a todo o povo de Deus, precedido pela palavra e exemplo dos bispos, aliviar quanto lhe for possível as misérias deste tempo; e isto, como era o antigo uso da Igreja, não somente com o supérfluo, mas também com o necessário.

Sem cair numa organização rígida e uniforme, no entanto, o modo de recolher e distribuir estes socorros deve ser regulado com certa ordem, nas dioceses, nações e em todo o mundo; e onde parecer oportuno, conjugando a atividade dos católicos com a dos outros irmãos cristãos. Porque o espírito de caridade, longe de se opor a um exercício providente e ordenado da atividade social e caritativa, antes o exige. Pelo que é necessário que os que pretendem dedicar-se ao serviço das nações em via de desenvolvimento recebam conveniente formação em instituições adequadas.

Presença eficaz da Igreja na comunidade internacional

89. Quando a Igreja, em virtude da sua missão divina, prega a todos os homens o Evangelho e lhes dispensa os

---

A Igreja tem que ter uma presença eficaz na comunidade internacional (89), pois tal presença faz parte integrande da mensagem evangélica. Ela levará ao mundo o que lhe é próprio: o conhecimento da lei divina e natural. Ademais, a Igreja insta os fiéis

tesouros da graça, contribui para a consolidação da paz em todo o mundo estabelecendo o conhecimento da lei divina e natural como sólido fundamento para a solidariedade fraterna entre homens e entre os povos. É, portanto, absolutamente necessário que a Igreja esteja presente na comunidade das nações, para fomentar e estimular a cooperação entre os homens; tanto por meio das suas instituições públicas como por uma inteira e sincera colaboração de todos os cristãos, inspirada apenas pelo desejo de servir a todos.

O que se alcançará mais eficazmente se os fiéis, conscientes da própria responsabilidade humana e cristã, procurarem já no seu meio de vida despertar a vontade de cooperar prontamente com a comunidade internacional. Dedique-se especial cuidado em formar neste ponto a juventude, tanto na educação religiosa como na cívica.

Formas de atuação internacional dos cristãos

90. Uma das melhores formas de atuação internacional dos cristãos consiste certamente na cooperação que, isoladamente ou em grupo, prestam nas próprias instituições

---

a participarem e pede que a juventude seja educada no diálogo franco com todos os homens.

Os cristãos são instados a cooperar nas instituições internacionais (90). Os tempos atuais demandam essa ação coletiva e ela é muito própria do denominativo católico. A cooperação cristã não pode conhecer limite nem de raça, nem de credo, nem de opção política. E os padres conciliares concluem: "o Concílio [...] julga muito oportuna a criação de algum organismo da Igreja universal, incumbido de estimular a comunidade católica na promoção do progresso das regiões necessitadas e da justiça social entre as nações".

criadas ou a criar para o desenvolvimento da cooperação entre as nações. Também podem contribuir muito para a edificação, na paz e fraternidade, da comunidade dos povos as várias associações católicas internacionais, as quais devem ser consolidadas, com o aumento de colaboradores bem formados e dos meios de que necessitam, e com uma conveniente coordenação de forças. Nos tempos atuais, com efeito, tanto a eficácia da ação como a necessidade do diálogo reclamam empreendimentos coletivos. Além disso, essas associações contribuem não pouco também para desenvolver o sentido de universalidade, muito próprio dos católicos, e para formar a consciência da solidariedade e responsabilidade verdadeiramente universais.

Finalmente, é de desejar que os católicos, para bem cumprirem a sua missão na comunidade internacional, procurem cooperar ativa e positivamente quer com os irmãos separados que como eles professam a caridade evangélica, quer com todos os homens que anelam verdadeiramente pela paz.

Perante as imensas desgraças que ainda hoje torturam a maior parte da humanidade, e para fomentar por toda a parte a justiça e ao mesmo tempo o amor de Cristo para com os pobres, o Concílio, por sua parte, julga muito oportuna a criação de algum organismo da Igreja universal, incumbido de estimular a comunidade católica na promoção do progresso das regiões necessitadas e da justiça social entre as nações.

Conclusão

Deveres dos fiéis e das Igrejas particulares

91. Tudo o que, tirado dos tesouros da doutrina da Igreja, é proposto por este sagrado Concílio pretende ajudar todos os homens do nosso tempo, quer creiam em Deus, quer não o conheçam explicitamente, a que, conhecendo mais claramente a sua vocação integral, tornem o mundo mais conforme à sublime dignidade do homem, aspirem a uma fraternidade universal mais profundamente fundada e, impelidos pelo amor, correspondam com um esforço generoso e comum às urgentes exigências da nossa era.

Conclusão: Os números finais trazem a conclusão deste longo e riquíssimo documento.

O número 91 é uma conclusão que é também um traçado de diretrizes. "Tudo o que, tirado dos tesouros da doutrina da Igreja, é proposto por este sagrado Concílio pretende ajudar todos os homens do nosso tempo, quer creiam em Deus, quer não o conheçam explicitamente, a que, conhecendo mais claramente a sua vocação integral, tornem o mundo mais conforme à sublime dignidade do homem, aspirem a uma fraternidade universal mais profundamente fundada e, impelidos pelo amor, correspondam com um esforço generoso e comum às urgentes exigências da nossa era". O que foi dito, em grande parte, pode ser sujeito de ampliação e aprofundamento. Esta é a tarefa deixada a cada cristão, com seus pastores, em suas Igrejas particulares.

Certamente, perante a imensa diversidade de situações e de formas de cultura existentes no mundo, esta proposição de doutrina reveste intencionalmente, em muitos pontos, apenas um caráter genérico; mais ainda: embora formule uma doutrina aceita na Igreja, todavia, como se trata frequentemente de realidades sujeitas a constante transformação, deve ainda ser continuada e ampliada. Confiamos, porém, que muito do que enunciamos, apoiados na Palavra de Deus e no espírito do Evangelho, poderá proporcionar a todos uma ajuda válida, sobretudo depois de os cristãos terem levado a cabo, sob a direção dos Pastores, a adaptação a cada povo e mentalidade.

Diálogo entre todos os homens

92. Em virtude da sua missão de iluminar o mundo inteiro com a mensagem de Cristo e de reunir em um só Espírito todos os homens, de qualquer nação, raça ou cultura, a Igreja constitui um sinal daquela fraternidade que torna possível e fortalece o diálogo sincero.

O Concílio quer instaurar um diálogo fecundo na Igreja (92). E lembra: "O que une entre si os fiéis é bem mais forte do que aquilo que os divide: haja unidade no necessário, liberdade no que é duvidoso, e em tudo caridade". Convida o Concílio a um diálogo entre os crentes das várias denominações, a fim de dar testemunho da mesma fé. Enfim, esse diálogo terá que ser instaurado e aprofundado com os crentes das mais diversas religiões e com todos os homens de boa vontade. Conclui com uma profissão de fé: "Como Deus Pai é o princípio e o fim de todos eles, todos somos chamados a sermos irmãos. Por isso, chamados pela mesma vocação humana e divina, podemos e devemos cooperar pacificamente, sem violência nem engano, na edificação do mundo na paz verdadeira".

Isto exige, em primeiro lugar, que, reconhecendo toda a legítima diversidade, promovamos na própria Igreja a mútua estima, o respeito e a concórdia, em ordem a estabelecer entre todos os que formam o povo de Deus, Pastores ou fiéis, um diálogo cada vez mais fecundo. Porque o que une entre si os fiéis é bem mais forte do que aquilo que os divide: haja unidade no necessário, liberdade no que é duvidoso, e em tudo caridade.[1]

Abraçamos também em espírito os irmãos que ainda não vivem em plena comunhão conosco, e suas comunidades, com os quais estamos unidos na confissão do Pai, do Filho e do Espírito Santo e pelo vínculo da caridade, lembrados de que a unidade dos cristãos é hoje esperada e desejada também por muitos que não creem em Cristo. Com efeito, quanto mais esta unidade progredir na verdade e na caridade, pela poderosa ação do Espírito Santo, tanto mais será para o mundo um presságio de unidade e de paz. Unamos, pois, as nossas forças e, cada dia mais fiéis ao Evangelho, procuremos, por modos cada vez mais eficazes, alcançar este fim tão alto, cooperar fraternalmente no serviço da família humana, chamada, em Jesus Cristo, a tornar-se a família dos filhos de Deus.

Voltamos também o nosso pensamento para todos os que reconhecem Deus e guardam nas suas tradições preciosos elementos religiosos e humanos, desejando que um diálogo franco nos leve a todos a receber com fidelidade os impulsos do Espírito e segui-los com ardor.

Por nossa parte, o desejo de tal diálogo, guiado apenas pelo amor pela verdade e com a necessária prudência, não exclui ninguém; nem aqueles que cultivam os altos valores

---

[1] Cf. João XXIII, Enc. Ad Petri Cathedram, 29 junho 1959.

do espírito humano, sem ainda conhecerem o seu Autor; nem aqueles que se opõem à Igreja, e de várias maneiras a perseguem. Como Deus Pai é o princípio e o fim de todos eles, todos somos chamados a sermos irmãos. Por isso, chamados com esta mesma vocação humana e divina, podemos e devemos cooperar pacificamente, sem violência nem engano, na edificação do mundo na paz verdadeira.

Mundo a construir e levar à sua finalidade

93. Lembrados da palavra do Senhor "nisto reconhecerão todos que sois meus discípulos, se vos amardes uns aos outros" (Jo 13,35), os cristãos nada podem desejar mais ardentemente do que servir sempre com maior generosidade e eficácia os homens do mundo de hoje. E assim, fiéis ao Evangelho e graças à sua força, unidos a quantos amam e promovem a justiça, têm a realizar aqui na terra uma obra imensa, da qual prestarão contas àquele que a todos julgará no último dia. Nem todos os que dizem "Senhor, Senhor" entrarão no reino dos céus, mas aqueles que cumprem a vontade do Pai e põem seriamente mãos à

O último número, o 93, trata da vocação de serviço a todos do Povo Deus. A vontade do Pai é a unidade de todo o gênero humano. Cristo, por sua vez, veio para fazer a unidade de todo o gênero humano. A instância final é que, em toda a terra, os homens serão estimulados à esperança viva, dom do Espírito Santo, para que finalmente sejam recebidos na paz e felicidade infinitas, na pátria que refulge com a glória do Senhor. O último parágrafo é a confissão de fé de Ef 3,20-21: "Àquele, cujo poder, agindo em nós, é capaz de fazer muito além, / infinitamente além de tudo o que nós podemos pedir ou conceber, / a ele seja a glória na Igreja e em Cristo Jesus, / por todas as gerações dos séculos dos séculos! Amém".

obra. Ora, a vontade do Pai é que reconheçamos e amemos efetivamente em todos os homens a Cristo, por palavra e obras, dando assim testemunho da verdade e comunicando aos outros o mistério do amor do Pai celeste. Deste modo, em toda a terra, os homens serão estimulados à esperança viva, dom do Espírito Santo, para que finalmente sejam recebidos na paz e felicidade infinitas, na pátria que refulge com a glória do Senhor.

"Àquele, cujo poder, agindo em nós, é capaz de fazer muito além, / infinitamente além de tudo o que nós podemos pedir ou conceber, / a ele seja a glória na Igreja e em Cristo Jesus, / por todas as gerações dos séculos dos séculos! Amém" (Ef 3,20-21).

Promulgação

Todo o conjunto e cada um dos pontos que foram enunciados nesta Constituição pastoral agradaram aos Padres. E nós, pela autoridade apostólica por Cristo a nós confiada, juntamente com os veneráveis Padres, no Espírito Santo os aprovamos, decretamos, e estatuímos. Ainda ordenamos que o que foi determinado em Concílio seja promulgado para a glória de Deus.

Roma, junto de São Pedro,
no dia 7 de dezembro de 1965.

Eu, Paulo, Bispo da Igreja Católica
(Seguem-se as assinaturas dos Padres Conciliares)

Fontes

ALBERIGO, Giuseppe; BEOZZO, José Oscar (coords.) *História do Concílio Vaticano II (1959-1965)*; o catolicismo rumo à nova era. O anúncio e a preparação do Vaticano II (janeiro de 1959 a outubro de 1962). Petrópolis: Vozes, 1995. v. I.

CONSTITUIÇÃO PASTORAL *Gaudium et Spes* sobre a Igreja no mundo atual. In: http://www.vatican.va/archive/hist_councils/ii_vatican_council/documents/vat-ii_const_19651207_gaudium-et-spes_po.html. Acessado em 9 de dezembro de 2009.

GONÇALVES, Alfredo. *Gaudium et Spes* ontem e hoje. A Carta Magna da pastoral social. In: http://docs.google.com/viewer?a = v&q = cache:lzkAaY qDfFgJ:www.cnbb.org.br/site/images/arquivos/files_48651b082a014.pdf + constitui%C3%A7%C3%A3o + pastoral + gaudium + et + spes&hl = pt-BR&gl = br&pid = bl&srcid = ADGEESiJH5sa4SyjEwI9XV1jAK kVo8EDPVfVp4Y3mNyIv4uycaOT9a3x4JOMPYzxG-ZGpNNALFsfFJYwJE0FK4M7ojKVyZP00qRiWe-Gj4t1Y_w5j2iTT_SbLmRNP0VSKGvdgeKyMYsArT &sig = AHIEtbQWZuBwajRqFtblYELWydQQudRfEg. Acessado em 10 de janeiro de 2010.

JOÃO XXIII. Discurso de Sua Santidade Papa João XXIII na abertura solene do ss. Concílio (11 de outubro de 1962). In: http://www.vatican.va/holy_father/john_xxiii/speeches/1962/documents/hf_j-xxiii_spe_19621011_opening--council_po.html. Acessado em 23 de janeiro de 2010.

MENSAGEM DE NATAL DE PAULO VI. Radiomensaje por Navidad (Jueves 23 de diciembre de 1965), 7. In: http://www.vatican.va/holy_father/paul_vi/speeches/1965/documents/hf_p-vi_spe_19651223_sacro-collegio_it.html. Acessado em 23 de janeiro de 2010.

PAULO VI. Discurso do Papa Paulo VI na solene inauguração da 2ª sessão do Concílio Vaticano II. 29 de setembro de 1963. In: http://www.vatican.va/holy_father/paul_vi/speeches/1963/documents/hf_p-vi_spe_19630929_concilio-vaticano-ii_po.html. Acessado em 10 de janeiro de 2010.

RISCHIETTI, Estêvão. O Concílio Vaticano II como evento universal e missionário.

Memória histórica e considerações teológicas a 40 anos de sua abertura. In: http://docs.google.com/viewer?a = v&q = cache:6HA_6x-LTh4J:www.missiologia.org.br/cms/UserFiles/cms_artigos_pdf_39.pdf + Os + bispos + do + Brasil + e + o + Conc%C3%ADlio + Vatiano + II&hl = pt-BR&gl = br&sig = AHIEtbTry-Cb7zJ_E36GRaVXN0Z9vxwmvQ. Acessado em 28 de janeiro de 2010.

Sumário

Introdução 5

1. O ser humano é um ser de memória 7

2. Deus amou tanto o mundo 10

3. Alguns elementos para a releitura hodierna da
   Gaudium et Spes 13

4. Desdobramentos após a Gaudium et Spes 21

5. Conclusão e atenções 36

6. A Gaudium et Spes: suas riquezas 38

TEXTO E COMENTÁRIO

Proêmio 42

Introdução – A condição do homem no mundo de hoje 45

I PARTE
A IGREJA E A VOCAÇÃO DO HOMEM

Capítulo I. A dignidade da pessoa humana 59

Capítulo II. A comunidade humana 77

Capítulo III. A atividade humana no mundo 92

Capítulo IV. O papel da Igreja no mundo contemporâneo ... 103

II PARTE
ALGUNS PROBLEMAS MAIS URGENTES

Proêmio 119

Capítulo I. A promoção da dignidade, do Matrimônio
          e da família 121

Capítulo II. A promoção do progresso cultural.................... 137

Capítulo III. A vida econômico-social............................... 156

Capítulo IV. A vida da comunidade política........................ 174

Capítulo V. Promoção da paz e da comunidade
internacional... 184

Conclusão 208

Fontes.. 213